Verbranntes Geld

minima oeconomica
herausgegeben von Joseph Vogl

Christian Marazzi

Verbranntes Geld

Aus dem Italienischen von Thomas Atzert

diaphanes

Titel des italienischen Originals
Finanza bruciata
© Edizioni Casagrande, Bellinzona 2009.

1. Auflage
ISBN 978-3-03734-175-9

© diaphanes, Zürich 2011
www.diaphanes.net
Alle Rechte vorbehalten

Satz und Layout: 2edit, Zürich
Druck: Pustet, Regensburg

Inhalt

Das Werden der Krise	11
Finanzlogiken	27
Der Profit wird Rente	45
Eine Krise globaler Governance	67
Geomonetäre Szenarien	85
Nachwort	99
Glossar der Krise	123

*Weder zur Furcht noch zur Hoffnung besteht Grund,
sondern nur dazu, neue Waffen zu suchen.*
Gilles Deleuze

Der Tanz begann im Juni 2007, als bekannt wurde, dass zwei vom Bankhaus Bear Stearns aufgelegte Hedgefonds, die in durch Subprime-Darlehen besicherte Wertpapiere investiert hatten, gezwungen waren, Schuldverschreibungen in Höhe von 3,8 Milliarden US-Dollar zum Verkauf zu bringen. Buchstäblich von einer Minute zur anderen war eine der bedeutendsten Investmentbanken der Wall Street genötigt, einer Übernahme durch JP Morgan Chase zuzustimmen, zum Spottpreis von zwei Dollar je Aktie, während nur 48 Stunden zuvor die Notierung bei rund 30 Dollar gelegen hatte.

Ein Jahr später, nach den Konkursen von Washington Mutual, Wachovia, Fannie Mae, Freddie Mac, AIG und Lehman Brothers, und dann der Citigroup, der Bank of America, von Northern Rock, der UBS, der Bank of Scotland und sehr vieler anderer Finanzinstitute, begann man zu verstehen, dass der Zusammenbruch etwa von Lehman Brothers keine beiläufige Episode war und dass das gesamte Bankensystem sich zweifellos in einer der schwersten Finanzkrisen der Geschichte befindet.

Im September 2008, als die Krise sich mit dem Zusammenbruch von Lehman Brothers zuspitzte, bezifferte man den Gesamtwert der sogenannten *financial assets* (mit anderen Worten: der Verschuldung) weltweit auf 160 Billionen US-Dollar, also auf etwa das Dreieinhalbfache des globalen Bruttoinlandsprodukts (BIP). Laut McKinsey-Report vom Oktober 2008 betrug die Verschuldung vor der Krise in den USA das Viereinhalbfache des BIP, in Europa belief sie sich auf 360 Prozent. Weltweit, so ist festzustellen, stieg die Zahl der Länder, in denen *financial assets* in der Summe über dem Wert des BIP lagen, von 33 im Jahre 1990 auf 72 im Jahre 2006. Die Finanzialisierung der Ökonomie ist global, und global ist auch die Krise des Finanzkapitalismus.

Bereits im Dezember 2007 kündigten die Zentral- und Notenbanken von fünf Währungszonen koordinierte Unterstützungsmaßnahmen für Banken an. Im Januar 2008 gewährten die Europäische Zentralbank (EZB), die Federal Reserve (FED) und die Schweizerische Nationalbank (SNB) zusätzliche Finanzhilfen. Von da an reihten sich Interventionen zur Rettung des Banken- und Finanzsystems in beeindruckender Folge aneinander, bis zum chronologisch letzten (im März 2009), von der Regierung Barack Obamas beschlossenen Hilfspaket, das Wirtschaftsnobelpreisträger Paul Krugman umgehend als einen völlig unzureichenden Flop wertete.

Der von den Finanzderivaten hinterlassene Abgrund scheint unüberbrückbar. Die öffentliche Verschuldung erreichte in wenigen Monaten ein Niveau wie zu Zeiten des Zweiten Weltkriegs, geopolitische Szenarien sind in ständiger Veränderung, und die Krise breitet sich, statt sich abzuschwächen, unerbittlich weiter aus, entfaltet ihre zerstörerischen Wirkungen auf Beschäftigung, Löhne und Renten; sie berührt das nackte Leben ganzer Bevölkerungen.

Es ist die Krise der Krisen, eine Krise mit einer langen Geschichte und, aller Voraussicht nach, einer langen Zukunft. Es ist die gewalttätige Krise einer gewalttätigen Finanzsphäre, eine Krise, die die Großen der Weltwirtschaft sich am 2. April 2009 in London versammeln sah: Die G 20 verpflichteten sich dort zum Eingreifen, um der Weltwirtschaft wieder auf die Beine zu helfen, doch spiegeln die anvisierten Maßnahmen nur zum Teil den Ernst der Probleme wider, die sich in diesen Jahren der Finanzialisierung angehäuft haben. Es ist eine systemische Krise, in der ein ökonomisches, politisches und kulturelles Modell als Ganzes unter der Last der eigenen Widersprüche zusammenbricht. Es ist der Bankrott eines gesellschaftlichen Modells; es bleiben Wut, Ernüchterung, Misstrauen und Protest – und die Frage nach den Grenzen des Kapitalismus.

Das Werden der Krise

Bevor wir die Krise des Finanzkapitalismus politisch diskutieren, mag es sinnvoll sein, mit Blick auf den Finanzsektor ein paar globale makroökonomische Rahmendaten zu resümieren, wie sie sich seit 2008, in der Folge des Platzens der Immobilien- und Bankenblase, zeigen. Unmittelbar festzustellen ist – und wir können uns dabei etwa auf Martin Wolf, einen intelligenten Verfechter der (neo-)liberalen Globalisierung, berufen –, dass die deutliche Erhöhung des Haushaltsdefizits in den USA und die Aufstockung der Kreditsummen durch die Zentral- und Notenbanken weltweit nur *temporäre* Wirkungen entfalten und nicht in der Lage sind, für dauerhaft stabile Wachstumsraten zu sorgen.[1] Im Jahr 2009, und auch darüber hinaus, sind so immer wieder Anzeichen eines vermeintlichen Aufschwungs und eine Art Schluckauf an den Börsen zu erleben, gefolgt von wiederholten Kursstürzen und anschließenden staatlichen Interventionen, mit denen versucht wird, die Krise in den Griff zu bekommen. Es handelt sich bei all dem, kurz gesagt, um eine systemische Krise, eine Krise also, die, wie Wolf schreibt, auf »grundlegende Veränderungen« drängt, die auf überzeugende Weise vorherzusagen allerdings niemand in der Lage ist, zumindest nicht im Augenblick. Die Geld- und Währungspolitik, die in Zeiten der Rezession unter Umständen zu einem gewissen Aufschwung der Ökonomie führen kann, bleibt angesichts einer Depression, wie wir sie gegenwärtig erleben, absolut wirkungslos. Der Grund hierfür liegt darin, dass in einer solchen Krise – die in mancher Hinsicht der in den 1990er Jahren Japan widerfahrenen durchaus vergleichbar ist, auch wenn mit Blick auf die Spekulationsblase im *Economist*

---

1 Martin Wolf, »Choices Made in 2009 Will Shape the Globe's Destiny«, *Financial Times*, 7. Januar 2009.

die Rede von »the biggest bubble in history« war – die Mechanismen geldpolitischer Interventionen (wie Zinssenkungen, Maßnahmen zur Liquiditätszuführung, Wechselkursinterventionen oder die Erhöhung der Bankreserven) nicht greifen.² Es gelingt also nicht, durch derartige Kreditimpulse die Unternehmen und Haushalte zu stimulieren, was aber notwendig wäre, um den Konsum anzukurbeln. Der Unterschied ist nun, dass im Falle Japans das Platzen der Blase sich depressiv auf Kapitalinvestitionen auswirkte, die Ende der 1980er Jahre ganze 17 Prozent des japanischen Bruttoinlandsprodukts (BIP) ausmachten, während die in den USA explodierte Krise unmittelbar jene 70 Prozent des BIP berührt, die auf dem Konsum der amerikanischen Privathaushalte gründen. Geht man, wie der Ökonom Stephen Roach, davon aus, dass »US-amerikanische Konsumenten die bei weitem wichtigsten der Welt sind, wird das Gesundschrumpfen des amerikanischen Konsums nach dem Platzen der Blase mit hoher Wahrscheinlichkeit global viel ernstere Auswirkungen haben als sie Japan durchzustehen hatte«.³

Die gegenwärtige Krise ist, wie etwa die Studie »The Aftermath of Financial Crises« von Carmen Reinhart (Maryland University) und Kenneth Rogoff (Harvard) zeigt, die bei weitem schwerste der vergangenen Jahrzehnte.⁴ Bankenkrisen wie die aktuelle, so beobachten Reinhart und Rogoff im Rückblick, ziehen sich mindestens zwei Jahre hin und führen zu einem deutlichen Absinken des BIP. Der Kollaps der Aktienmärkte ist gravierend, das tatsächliche Preisniveau der Immobilienwerte bricht auf einen Zeitraum von sechs Jahren um

---

2 »The Global Housing Boom: In Come the Waves«, *The Economist*, 16. Juni 2005.
3 Stephen Roach, »US not Certain of Avoiding Japan-Style ›Lost Decade‹«, *Financial Times*, 14. Januar 2009.
4 Carmen M. Reinhart/Kenneth S. Rogoff, »The Aftermath of Financial Crises«, *American Economic Review*, 99.2 (Mai 2009), S. 466–472.

35 Prozent ein, während die allgemeinen Wertpapierpreise über drei bis vier Jahre um 55 Prozent fallen. Die Erwerbslosenrate erhöht sich binnen vier Jahren im Schnitt um sieben Prozentpunkte, während der ökonomische Output um über neun Prozent abfällt. Darüber hinaus steigt der Realwert der öffentlichen Verschuldung im Mittel um 86 Prozent, was nur zu einem sehr geringen Teil den durch die Rekapitalisierung der Banken entstehenden Kosten, zum größten Teil hingegen dem Zusammenbruch bei den Steuereinnahmen geschuldet ist.

Ein wichtiger Unterschied zwischen der aktuellen Krise und jenen der jüngeren Vergangenheit liegt darin, dass es sich aktuell um eine *globale* Krise handelt und nicht, wie bei den anderen, um regional begrenzte. Solange, wie es in der Vergangenheit der Fall war, der Rest der Welt die USA (re-)finanzieren kann, ist eine regionale Eindämmung der Krise denkbar: Die amerikanische Regierung wäre unter solchen Umständen imstande, ein umfangreiches Programm fiskal- und geldpolitischer Anreize zu lancieren, das durch den in US-Staatsanleihen investierten Überschuss der gesamtwirtschaftlichen Ersparnisse aus anderen Ländern finanziert würde. Doch wer wäre heute in der Lage, die USA nachhaltig zu unterstützen? Die gegenwärtige Schwierigkeit besteht darin, dass die Krise, als globale Krise, genau jenes Moment zerstört, auf dem in den vergangenen Jahrzehnten das – wenn auch ungleichgewichtige – Wachstum der globalen Ökonomie beruhte, nämlich den Nachfragefluss aus Ländern mit einem strukturellen Produktionsdefizit (wie den USA) in Länder mit strukturellen Überschüssen (wie China, Japan oder Deutschland). Wenn jedoch die Privatnachfrage auf globalem Niveau zusammenbricht, reichen Bemühungen, die Nachfrage in den USA zu stärken, nicht länger aus. Nötig wären, mit anderen Worten, Maßnahmen zur Ankurbelung der Nachfrage auf globaler Ebene, das heißt auch in den Schwellenländern mit Produktionsüberschuss. Im Moment sieht es nicht so aus, als wären die Schwellenländer in der Lage, den Ausfall der Nachfrage seitens der OECD-Länder zu kompensieren (das heißt, ein sogenanntes *decoupling* einzuleiten), insofern auch dort die Krise ganz spezifische depressive Auswirkungen hat. Allerdings ist es Schätzungen der Weltbank zufolge keineswegs ausgeschlossen, dass in den Schwellenländern, zumindest mittelfristig (2010 bis 2015) und ungeachtet bedeutender Unterschiede zwischen China, Indien, Russland und den Ländern Lateinamerikas, Wachstumsraten von durchschnittlich vier bis fünf Prozent zu erreichen sind. Eine solche Perspektive rekurriert darauf, dass vom Gesamtexport der Schwellenländer, der in den vergangenen fünf Jahren im Mittel um die 35 Prozent des BIP dieser Länder ausmachte, nur etwa 20 Prozentpunkte auf Exporte in die Industrieländer entfallen, während sich der Handel der Schwellenländer untereinander auf rund 15 Prozentpunkte beläuft.[5] Wie dem auch sei, um imstande zu sein, die weltweite Nachfrage anzukurbeln, ist es an den Schwellenländern, innenpolitisch für steigende Löhne zu sorgen und darüber hinaus vorhandene Rücklagen nicht länger in Richtung der in den roten Zahlen steckenden westlichen Industrienationen zu kanalisieren, sondern vielmehr zugleich die Inlandsnachfrage in den Vordergrund zu stellen. Dies wiederum beraubt die globalen Geld- und Finanzkreisläufe genau jenes Mechanismus, der das Funktionieren der globalisierten Ökonomie über Jahre verbürgt hat, trotz – oder eher sogar kraft – der impliziten gravierenden Ungleichgewichte. Es ist daher möglich, dass die Schwellenländer *mit dem Ende der Krise* zur ökonomisch hegemonialen Kraft aufsteigen, die Investitionen aus den Geldanlagevermögen der Industrieländer anzieht, so Kapitalflüsse umkehrt und zu einem deutlich reduzierten Konsumniveau in den Industrieländern beiträgt. Nun ist allerdings niemand in der Lage, die *Dauer* der gegenwärtigen Krise abzusehen oder aber vorherzusagen, ob das notwendige politische – und nicht nur ökonomi-

---

5 »Emerging Markets: Stumble or Fall?«, *The Economist*, 10. Januar 2009.

sche – Geschick existieren wird, um mit den vielfältigen, kumulierten sozialen und politischen Widersprüchen umzugehen, die sich bereits abzeichnen.

Zunächst einmal ist es indes unverzichtbar, die Aufmerksamkeit auf die Nachfrageentwicklung in den Industrieländern und insbesondere in den USA zu richten. Stellen wir in Rechnung, dass in den USA zwischen dem dritten Quartal 2007 und dem dritten Quartal 2008 die private Kreditnachfrage, bezogen auf das BIP, um 13 Prozent zurückging, so darf als sicher gelten, dass die Nettoersparnis, also der Anteil der Ersparnisse am verfügbaren Einkommen der Haushalte, auf mehrere Jahre hinaus positiv bleiben wird, und das nicht nur in den USA. Der Privatsektor wird, mit anderen Worten, alles tun, um Schulden abzubauen, wodurch die geldpolitischen Maßnahmen, die den Konsum ankurbeln sollen, ins Leere laufen. Angenommen, so Wolf in seinem oben zitierten Artikel, der Finanzüberschuss im Privatsektor (das heißt der Ausfall beim Konsum) betrüge sechs Prozent und das gleichzeitige strukturelle Handelsbilanzdefizit vier Prozent des BIP, so entsteht allein durch die Notwendigkeit, den Rückgang in- und ausländischer Nachfrage zu kompensieren, im öffentlichen Haushalt ein Finanzloch von zehn Prozent des BIP – ohne dass ein Ende absehbar wäre! Ungeheure Anstrengungen wären vonnöten, ein Haushaltsdefizit dieser Größenordnung in *überschaubarer* Zeit abzubauen; das Defizit der Vereinigten Staaten liegt allerdings bereits heute bei rund zwölf Prozent des BIP, auf einem Niveau wie zu Zeiten des Zweiten Weltkriegs.

Nicht zu vergessen sind zudem die Hindernisse, die sich für die Unternehmen daraus ergeben, dass nominell gegen null gehende Zinsen und fallende Preise sich in ihren Wirkungen verstärken (mit anderen Worten: zur Deflation führen) und so dem Abbau der Verschuldung entgegenstehen: Angesichts hoher Realzinsen bedarf es in dieser Situation großer Anstrengungen, Schulden abzubauen. Genau aus diesem Grund ist eine zweite Runde der Bankenkrise nicht auszuschließen, wie der Regulationstheoretiker Michel Aglietta anmerkt: »In dieser Lage besteht für die Banken das Risiko einer zweiten Schockwelle – eines Nachbebens durch die Kredite zahlungsunfähiger Unternehmen. Auf diese Art kann sich eine ökonomische Depression weiter ausbreiten, indem nämlich die Entschuldung des Finanzsektors und die Deflation ihre Wirkungen wechselseitig verstärken.«[6]

Wie Paul Krugman, Wirtschaftsnobelpreisträger von 2008, erläutert, sind die 825 Milliarden US-Dollar, die Barack Obamas Konjunkturprogramm ursprünglich vorsah (das dann, am 11. Februar 2009, vom Kongress auf 789,5 Milliarden gekürzt wurde), nicht annähernd ausreichend, die »Produktivitätslücke« zu schließen, die sich in Krisenzeiten zwischen potentiellem und effektivem Wachstum des BIP auftut: »Steht der Produktion eine ausreichende Nachfrage gegenüber, könnten und würden die USA in den beiden Jahren 2009 und 2010 Güter und Dienstleistungen im Wert von mehr als 30 Billionen Dollar zu produzieren. Doch angesichts rückläufiger Konsumausgaben und ausbleibender Investitionen öffnet sich eine gewaltige Lücke zwischen dem, was die amerikanische Wirtschaft zu produzieren in der Lage ist, und dem, was sie verkaufen kann. Und der Obama-Plan ist in seinen Dimensionen weit davon entfernt, diese ›Produktivitätslücke‹ zu füllen.«[7]

Warum also, so Krugman, versucht Obama nicht mehr zu tun? Gewiss seien mit einer staatlichen Kreditaufnahme im großen Maßstab bestimmte Gefahren verbunden, »doch sind die Konsequenzen unangemessenen Handelns auch nicht viel besser« als die Aussicht, durch Nichthandeln »in eine chronische Deflationsfalle japanischen

---

6 Michel Aglietta, *La crise. Pourquoi en est-on arrivé là? Comment en sortir?*, Paris 2008, S. 118.
7 Paul Krugman, »The Obama Gap«, *The New York Times*, 9. Januar 2009.

Typs zu rutschen«, eine unausweichliche Folge, sollten die staatlichen Maßnahmen nicht adäquat dimensioniert sein (was sich auf rund 2,1 Billionen US-Dollar beliefe). Oder aber, fragt Krugman weiter, ist das Konjunkturprogramm dadurch beschränkt, dass es nicht genügend Vorhaben gibt, für die Geld ausgegeben werden könnte? »Es gibt nur eine begrenzte Anzahl von Projekten, die ›fix und fertig‹ geplant sind und nur darauf warten, dass öffentliche Mittel fließen – das heißt Projekte, durch deren Inangriffnahme und Finanzierung der Wirtschaft kurzfristig geholfen würde. Doch existieren andere Möglichkeiten, öffentliche Mittel einzusetzen, insbesondere im Gesundheitswesen; durch sie ließe sich etwas Gutes tun und dabei der Wirtschaft in ihrer Stunde der Not helfen.«

Oder motiviert politische Befangenheit Obamas Entscheidung, ist sie, so Krugman, Ausdruck des Versuchs, mit dem Gesamtvolumen des Rettungsplans die Schwelle von einer Billion Dollar nicht zu überschreiten, um sich der Zustimmung der Republikaner zu versichern?[8]

Obamas Programm setzt zu 65 Prozent auf öffentliche Ausgaben (für das Gesundheitswesen, für Infrastruktur und Bildung sowie als Beihilfen für durch Zwangsvollstreckungen bedrohte Eigenheimbesitzer) und zu 35 Prozent auf Steuererleichterungen. Joseph Stiglitz, ehemaliger Chefökonom und späterer Kritiker der Weltbank, hat daraufhin in der *Financial Times* gemahnt, zur Konjunkturbelebung in der gegenwärtigen Krise nicht auf Steuerentlastungen zu setzen, da dieses Vorgehen zum sicheren Scheitern verurteilt sei. So habe sich beispielsweise gezeigt, dass die durch die Steuersenkung vom Februar 2008 zur Verfügung stehenden Mittel nur etwa zur Hälfte in den Konsum geflossen seien, der Rest hingegen verwendet wurde, um private Schulden zu tilgen. In der Krise würde eine Steuerentlastung aller Voraussicht nach beinahe vollständig verwendet, um

---

8 Ebd.

Schulden zu reduzieren, ausgenommen vielleicht von Familien mit geringerem Einkommen, die durchschnittlich stärker zum Konsum neigten. Viel besser sei es daher, wenn schon an Steuererleichterungen festgehalten werden soll, Vergünstigungen für Firmen beispielsweise an steigende Investitionen zu binden, vorzugsweise dort, wo in Innovation investiert wird. »Ausgaben für Infrastruktur, Bildung und Technologie schaffen Werte«, so Stiglitz, »sie erhöhen die zukünftige Produktivität.«[9]

Ganz abgesehen von dem Umstand, dass die staatlichen Konjunkturanreize in den USA in erster Linie auf der Erhöhung sogenannter diskretionärer Ausgaben beruhen, in Europa hingegen auf die sich mehr oder weniger von selbst einstellenden Effekte höherer Sozialausgaben bauen, ist allgemein festzustellen, dass die *Governance* der Krise letzten Endes von der Fähigkeit der jeweiligen Staaten abhängt, durch Obligationen am Kapitalmarkt Kredite aufzunehmen. Öffentliche Schuldverschreibungen nehmen im Jahr 2009 exorbitante Dimensionen an: Sie beziffern sich in den USA auf eine Summe von rund 2,2 bis 2,5 Billionen US-Dollar, was etwa 14 Prozent des BIP entspricht; in Großbritannien werden Obligationen im Wert von (umgerechnet) rund 215 Milliarden US-Dollar, das heißt zehn Prozent des BIP, ausgegeben – praktisch alle Länder der Welt emittieren in bedeutenden Mengen Schuldverschreibungen, auch Deutschland, wenngleich hier, zumindest im ersten Moment, der Versuch unternommen wird, nicht den »angelsächsischen« Weg einzuschlagen und die Konjunktur mit Haushaltsmitteln zu stimulieren (so sprechen die deutsche Kanzlerin, Angela Merkel, und ihr damaliger Finanzminister Peer Steinbrück anklagend von einem »krassen Keynesianismus«).

---

9 Joseph Stiglitz, »Do not Squander America's Stimulus on Tax Cuts«, *The Financial Times*, 16. Januar 2009.

Zuflucht bei Obligationen zu suchen, um das wachsende Defizit durch Kapitalaufnahme zu decken, wie es die Vereinigten Staaten tun, sollte insbesondere in Zeiten der Deflation, wie wir sie gerade erleben, prinzipiell keine größeren Probleme bereiten, denn schließlich sinken die Zinsen kontinuierlich (während die Papiere für Anleger, die in Staatsanleihen investieren, einen festen und relativ hohen Realerlös bedeuten).

Allein die an den Märkten auftretende Erwartung, mit rapide wachsendem Defizit, der weiter expandierenden öffentlichen Verschuldung und der eingeleiteten massiven Geldmengenzufuhr könne es erneut zu einer Inflation und in der Folge dazu kommen, dass Staatsanleihen eine geringere Rendite bringen, führt allerdings bereits dazu, dass selbst in den wirtschaftlich stabileren Ländern die Realzinsen auf Schatzbriefe steigen. Internationale Investoren jedenfalls fordern von öffentlichen Schuldverschreibungen substantiell hohe Nominal- und Realerträge, um sich besser gegen die Risiken eines Staatsbankrotts zu schützen. Analysten zufolge gibt es zwar Hinweise auf eine Spekulationsblase im Handel mit Staatspapieren, was die Preisverzerrung erklären könnte, doch sei es »nichtsdestoweniger beunruhigend, dass die Realzinsen stiegen, als die Regierungen anfingen, Anleihen auszugeben«.[10] Für Länder wie Spanien, Portugal, Griechenland, Irland und Italien, deren Einkünfte aus Schuldverschreibungen bis 2007 differentiell betrachtet – im Vergleich etwa zu Deutschland – nur geringfügig höher waren, nehmen die Probleme, die öffentliche Verschuldung zu finanzieren, bereits seit Dezember 2008 deutlich zu.

---

10 Chris Giles/David Oakley/Michael Mackenzie, »Onerous Issuance«, *The Financial Times*, 7. Januar 2009; vgl. auch Steve Johnson, »Inflation Fears to Hit Debt Auction«, *The FT's Weekly Review of the Fund Management Industry*, 30. März 2009.

Die im globalen Maßstab sich abzeichnenden Konsequenzen der Krise der Staatsverschuldung fasst der Publizist Alfonso Tuor zusammen: »Zu den kurzfristigen Folgen einer solchen Politik zählt eine Vertrauenskrise Staatsanleihen gegenüber, insofern die Regierungen mit ihnen ihr Haushaltsdefizit finanzieren. An Warnsignalen mangelt es nicht: Das jüngste kommt aus Großbritannien, wo zum ersten Mal seit sieben Jahren eine geplante Begebung von Staatspapieren scheiterte, obwohl die Bank von England entschlossen war, die Papiere für mehr als 100 Milliarden Euro zu erwerben. Die Krise der Staatsverschuldung wird die Zentral- und Notenbanken unausweichlich nötigen, noch häufiger und umfangreicher zu intervenieren. Sie sollen in großen Mengen Staatsanleihen kaufen und zudem weiter Geld drucken. Doch wie sehen die Folgen aus? Kräftige Inflation, falls sich eine kurzzeitige Konjunkturerholung einstellt, oder in anderen Fällen (Hauptkandidaten sind etwa Großbritannien und die USA) Währungskrise und Hyperinflation. Für die Bürger bedeutet das eine Vernichtung ihrer privaten Sparguthaben und Altersrücklagen in einem erschreckenden Ausmaß, während es der Finanzoligarchie ein ideales Instrument bietet, die von den großen Banken in enormer Menge gehaltenen ›faulen Papiere‹, die sogenannten *toxic assets*, zu entwerten und so loszuwerden.«[11]

Ungeachtet der seit rund einem Jahrzehnt bestehenden Gemeinschaftswährung zeigen sich auf den Finanzmärkten deutliche Unterschiede, was die »Risikoländer« der Eurozone anbelangt – ein Problem, das durch die Geldpolitik der Mitgliedsstaaten oder durch EU-Anleihen (sogenannte *Euro-Bonds*), die für die starken Länder der Eurozone Nachteile mit sich brächten, nicht einfach zu lösen ist. Mit Nachdruck stellt sich somit die Frage der tatsächlichen Einheit

---

11 Alfonso Tuor, »Chi pagherà il conto della crisi«, *Corriere del Ticino*, 27. März 2009.

staatlicher Politik, und insbesondere der Sozialpolitik, innerhalb der Europäischen Union.

In dieser Phase, in der durch die Emission öffentlicher Papiere ein extrem ausgeweitetes Angebot einer relativ geringen Zahl von Investoren gegenübersteht, die geneigt sind, Anleihen zu kaufen, zeigt sich am Markt nun das Risiko des sogenannten *crowding out*, das heißt des Aussteigens aus Unternehmensanleihen in einem Verdrängungswettbewerb. Die Konkurrenz zwischen Unternehmen und Staat am Obligationenmarkt entwickelt sich tendenziell zum Hemmnis bei der Überwindung der Krise, insofern die Emission von Anleihepapieren für Firmen zu einem kostspieligen Unterfangen werden kann. Die jeweiligen Staaten sehen sich an diesem Punkt – und die USA und ihre Unterstützung der Automobilindustrie illustrieren dies erneut – verschiedentlich genötigt, die Unternehmen direkt, nämlich durch den Ankauf ihrer Anleihen, zu unterstützen. Damit wird auch außerhalb des Finanzsektors ein Prozess der Quasi-Verstaatlichung von Unternehmen eingeleitet (ohne Stimmrecht für den Staatsaktionär allerdings), nachdem das Intervenieren der Zentralbanken eine solche Entwicklung in der Banken- und Finanzbranche bereits Monate zuvor angebahnt hat. In der Folge nun würde ein, hypothetisch denkbarer, globaler Konjunkturaufschwung zu einem *crowding out* unter umgekehrten Vorzeichen führen, das heißt zu einem Rückzug aus öffentlichen Papieren, und das wiederum würde die Belastungen durch den Schuldendienst in allen verschuldeten Ländern deutlich zunehmen lassen.

»Die Hoffnungen, die Krise zu überwinden«, schreibt Tuor Anfang 2009, »schmelzen gerade wie Schnee in der Sonne. Eine Reihe negativer Nachrichten bringt auch die ganz unverbesserlichen Optimisten zum Schweigen und lässt die Börsenkurse auf Notierungen fallen, die noch unter den Tiefstwerten des vergangenen November liegen.«[12] Die Krise in den Ländern des ehemaligen Ostblocks – die in den Jahren zuvor bei westeuropäischen Banken Kredite in Schweizer Franken, US-Dollar, japanischen Yen, schwedischen Kronen oder in Euro aufnahmen, um fehlende Ressourcen im Inland zu kompensieren und den Kreditrahmen für kleine und mittlere Unternehmen auszudehnen –, die niedrigen Zinsen für Hypothekendarlehen und die Überinvestitionen auf dem Immobilienmarkt bergen die Gefahr, für die westeuropäischen Banken zu einem ernsthaften Risiko zu werden. Betroffen sind insbesondere österreichische, italienische und schwedische Geldinstitute, die bedeutende Beteiligungen (von bis zu 80 Prozent) an Banken in Ungarn, Slowenien und der Slowakei erworben haben, was heißt, dass eine Insolvenzkrise der Haushalte in Osteuropa sich unmittelbar zu einem Problem für die EU auswächst, das nicht nur die Banken angeht – es wäre eine Art europäische Subprime-Krise, im Übrigen vergleichbar den Krisen in Mexiko, Argentinien oder einigen südostasiatischen Ländern. »Die Krise begann in den USA, doch zur Katastrophe verwandelt sie sich womöglich in Europa«, schreibt der Wirtschaftsjournalist Wolfgang Münchau.[13] Der Ausgang von Hilfsmaßnahmen, die darauf abzielen, angeschlagene Volkswirtschaften in Osteuropa zu unterstützen, ist kaum einzuschätzen – etwa die Wirkung eines Eingreifens des Internationalen Währungsfonds (IWF), um angesichts der Krise der Zahlungsbilanzen eine durch Abwertungen einzelner Währungen ausgelöste Kettenreaktion zu verhindern. »Wenn die Wechselkurse weiter fallen«, so Münchau, »könnte sich die Zahl zahlungsunfähiger Haushalte dramatisch erhöhen. Sind wir [Westeuropäer]

---

12 Alfonso Tuor, »Crisi dell'Est, nuovo incubo dell'Europa«, *Corriere del Ticino*, 19. Februar 2009.
13 Wolfgang Münchau, »Eastern Crisis that Could Wreck the Eurozone«, *The Financial Times*, 23. Februar 2009.

bereit, auch ihnen zu helfen?« Es ist schwer sich vorzustellen, wie die Bürger Europas dem zum Klischee gewordenen polnischen Klempner zu Hilfe eilen. Die Gefahr einer Spaltung in der Mitte Europas aufgrund des ökonomischen Zusammenbruchs von Ländern des ehemaligen Ostblocks bedroht die Zukunft der EU selbst.[14]

Das Szenario, das sich somit bietet, zeigt auf globaler Ebene einen massiven und anhaltenden Anstieg der Erwerbslosigkeit, einen allgemeinen Rückgang der Einkommen und Kapitalerträge sowie schließlich staatliche Haushaltsdefizite in schwindelerregender Höhe. Die Finanzkrise wirkt sich in ihrem bisherigen Verlauf verheerend auf die Industrie und den Welthandel aus, führt zu Millionen von Entlassungen, zur Schließung von Tausenden von Unternehmen und zu gewaltigen Migrationsströmen.[15] Die »sozialistische Wende« der neoliberalen staatlichen Politik, die seit der Krise von Bear Stearns und dem Zusammenbruch von Lehman Brothers, seit der Krise der American International Group (AIG) und der Citigroup darauf ausgerichtet ist, die Banken-, Finanz- und Versicherungsbranche durch Rekapitalisierung und Liquiditätshilfen zu stützen, scheint indes nicht in der Lage, eine ganze Kette von Insolvenzen und Konkursen zu verhindern, vor allem bei Kreditinstituten, die in geradezu unglaublichem Ausmaß toxische Papiere hielten.

Nouriel Roubini, Professor für Ökonomie an der New York University, schreibt Anfang 2009: »Es bedürfte weiterer 1,5 Billionen US-Dollar, um die Kapitalausstattung der Banken wieder auf Vorkrisenniveau zu bringen, was nötig wäre, um die Kreditklemme zu bewältigen und die Kreditvergabe für den privaten Sektor wieder in Gang zu bringen. Insgesamt ist das amerikanische Bankensystem

---

14 »The Bill that Could Break up Europe«, *The Economist*, 28. Februar 2009.
15 »The Collapse of Manufacturing«, *The Economist*, 21. Februar 2009.

also praktisch insolvent, ebenso sind es große Teile des britischen Bankensystems und zahlreiche kontinentaleuropäische Banken.«[16]

Um die aktuellen sowie die absehbaren Verluste auszugleichen und das Bankensystem zu rekapitalisieren, steht nicht genügend privates Kapital zur Verfügung, es bedarf daher (ob es einem gefällt oder nicht) öffentlicher Geldmittel. Die Langsamkeit, mit der die Einsicht reift, dass es sich um die Zahlungsunfähigkeit des Bankensektors in seiner Gesamtheit handelt (und um nicht mehr und nicht weniger), sowie die Schwierigkeit, den zweifellos komplizierten Knoten zu lösen, den die Verstaatlichung der großen Banken darstellt (selbst noch, nachdem der amerikanische Staat mit 36 Prozent des Aktienkapitals zum Hauptaktionär der Citigroup wurde), werden einen extrem hohen Preis fordern.

Als ziemlich wahrscheinlich darf gelten, dass die ökonomische Depression, ungeachtet der in den verschiedenen Ländern jeweils ergriffenen Maßnahmen zur Konjunkturbelebung, global zunächst anhält (»Stag-Deflation«); zugleich wird jedes Land möglicherweise versuchen, durch diverse Abwertungsmaßnahmen und protektionistische Politik die Nachfrage ins eigene Land zu dirigieren (»Deglobalisierung«), um so den Zeitpunkt möglichst lange hinauszuzögern, zu dem den Steuerzahlern die Rechnung präsentiert wird und sie gezwungen sein werden, das Haushaltsdefizit zu bezahlen. Die Spielräume der Wirtschafts- und Geldpolitik, der Krise wirksam etwas entgegenzusetzen, sind sehr beschränkt. Dem klassischen keynesianischen Instrumentarium fehlt es an Transmissionskanälen für die staatlichen Anreize in die Wirtschaft, um die Nachfrage nach Gütern und Dienstleistungen sowie nach Investitionen zu stimulieren. Zugleich hat es wenig Sinn, etwa ein »neues Bretton Woods« zu projektieren, ohne die grundlegenden Veränderungen des inter-

---

16 Nouriel Roubini, »Time to Nationalize Insolvent Banks«, *Project Syndicate*, 13. Februar 2009.

nationalen Währungssystems zu berücksichtigen, Veränderungen nämlich, die nicht zuletzt die Krise der nationalstaatlichen Souveränität unter den Bedingungen der Globalisierung widerspiegeln.[17] Um indes wirklich von einem »Neuen New Deal« sprechen zu können – oder vielmehr davon, Einkommen, Beschäftigung sowie ein Kreditsystem »von unten« zu begründen und zu entwickeln –, ist es erforderlich, die gesellschaftlichen Kräfte, Subjektivitäten und Konfliktformen zu analysieren, die politisch Neues hervorbringen und so tatsächlich für einen Ausweg aus der Krise stehen können.

---

17 Vgl. etwa Jacques Sapir, »L'économie politique internationale de la crise et la question du ›nouveau Bretton Woods‹: Leçons pour des temps de crise«, Vortrag, November 2008 [online: france.attac.org].

Finanzlogiken

Der Finanzialisierungsprozess, der in die gegenwärtige Krise geführt hat, unterscheidet sich von allen anderen Phasen der Finanzialisierung, die im Verlauf des 20. Jahrhunderts aufgetreten sind. Die klassischen Finanzkrisen treten im Wirtschaftszyklus zu einem genau bestimmten Zeitpunkt auf, nämlich am Ende des Zyklus, in Verbindung mit einem Fall der Profitrate, der zum einen auf die kapitalistische Konkurrenz (im internationalen Maßstab) zurückgeht, darüber hinaus aber dem Wirken gesellschaftlicher Kräfte geschuldet ist, die die geopolitischen Kräfteverhältnisse in der internationalen Arbeitsteilung unterminieren. Die für das 20. Jahrhundert typischen Phasen der Finanzialisierung stehen daher für den in gewissem Sinn »schmarotzerhaften« und »verzweifelten« Versuch des Kapitals, auf den Finanzmärkten wettzumachen, was in der sogenannten Realökonomie nicht zu realisieren war. Finanzzyklen weisen dabei, wie der Wirtschaftshistoriker Charles Kindleberger gezeigt hat, bereits seit dem 17. Jahrhundert einen ganz spezifischen Verlauf auf: Einer Phase voller neuer Impulse folgt eine der kollektiven Verblendung und der (Über-)Spekulation an den Börsen, eine Panik- und Konfusionsphase, eine Konsolidierungsphase und schließlich jene der Neuordnung.[1] Michel Aglietta beschreibt die Dynamik: »In der Phase der überschießenden Begeisterung (*emballement*) herrscht frenetische Geschäftigkeit, die individuellen Ziele wachsen unaufhörlich, die Geschwindigkeit der Transaktionen beschleunigt sich und die Kurse der realen oder virtuellen Finanzanlagen – das heißt

---

1 Charles P. Kindleberger, *Manien – Paniken – Crashs. Die Geschichte der Finanzkrisen dieser Welt*, Kulmbach 2001.

der Gegenwert der diversen Papiere, die den Reichtum der Beteiligten begründen – schießen in den Himmel.«[2]

Die Akkumulation und die spezifische Zentralisation des »zinstragenden Kapitals«, das Marx im dritten Band des *Kapital* untersucht hat und das, insofern es als Bankkapital Geld unabhängig einsetzt, um eine größere Summe Geldes hervorzubringen, auch »fiktives Kapital« genannt wird, resümieren wesentliche Merkmale der Finanzialisierungsprozesse im 20. Jahrhundert (und wurden ebenfalls von Marx bereits für die zweite Hälfte des 19. Jahrhunderts herausgestellt).[3] Die bisherigen Finanzkrisen haben sich demnach aus Widersprüchen in der Beziehung zwischen dem Finanzsektor und der übrigen Ökonomie ergeben, doch existiert diese Beziehung heute nicht mehr in gleicher Weise.

Die Finanzökonomie durchdringt heute alles, sie überwölbt die Wirtschaftskreisläufe in ihrer Gesamtheit, begleitet sie gewissermaßen vom Anfang bis zum Ende. Auch wenn wir, um es in einem Bild zu fassen, im Supermarkt mit der Karte bezahlen, befinden wir uns im Finanzsektor. Die gesamte Automobilindustrie, um nur ein einziges Beispiel zu nennen, funktioniert einzig und allein mit Hilfe von Kreditmechanismen (Ratenkäufe, Leasing etc.). Die Probleme von General Motors haben mit der Produktion von Autos ebenso viel (wenn nicht sogar weniger) zu tun wie mit der Schwäche der General Motors Acceptance Corporation (GMAC), der konzerneigenen Finanzierungsgesellschaft, die für den Absatz der Produkte unentbehrlich ist. Wir befinden uns, mit anderen Worten, in einer Epoche, in der die Finanzökonomie »wesensgleich« auf einer Stufe mit der Produktion von Gütern und Dienstleistungen steht.

---

2 Aglietta, *La crise*, a.a.O., S. 8.
3 Vgl. vor allem den Abschnitt »Spaltung des Profits in Zins und Unternehmergewinn. Das zinstragende Kapital« in: Karl Marx: *Das Kapital. Kritik der politischen Ökonomie*, Bd. III, MEW Bd. 25, S. 350–626.

Die Quellen, aus denen sich die Finanzialisierung heute speist, beschränken sich längst nicht mehr nur auf den Anteil des industriellen Gewinns, der nicht neu in Anlagen investiert wird oder in Lohnzahlungen fließt, sondern sie haben sich vervielfacht: Zu jenen klassischen Quellen kommen Gewinne aus der Rückführung von Dividenden und Lizenzeinkünfte aus direkten Auslandsinvestitionen, Zinserträge aus den Schulden der sogenannten Dritten Welt sowie Kapitalflüsse aus internationalen Bankdarlehen an Schwellenländer, Extragewinne aus Rohstoffgeschäften ebenso wie von Einzelnen oder Familien akkumulierte Geldvermögen, die auf den Wertpapiermärkten, in Pensions- oder Investmentfonds investiert werden. Die Vervielfachung und Ausweitung der Quellen sowie der Akteure des »zinstragenden Kapitals« gehören zweifellos zu den entscheidenden, ebenso neuartigen wie problematischen Zügen des neuen Finanzkapitalismus, insbesondere wenn es darum geht, nach Möglichkeiten zu fragen, dieses System zu verändern, es zu »entfinanzialisieren« und so ein »ausgewogeneres« Verhältnis zwischen dem Finanzsektor und der übrigen Ökonomie herzustellen.

Wie bereits in früheren Finanzzyklen bilden auch für die jüngste Finanzialisierung Hindernisse in der Akkumulation den Ausgangspunkt: Gewinne werden nicht neuerlich unmittelbar im Produktionsprozess investiert (in konstantes und variables Kapital, in Produktionsmittel und Löhne). Tatsächlich liegen die Anfänge in der Wachstumskrise des Fordismus seit den 1970er Jahren. In jener Zeit existierten alle Voraussetzungen für die Neuauflage eines klassischen Finanzzyklus, aufbauend auf der Dichotomie zwischen »Realwirtschaft« (Industrie) und »Geldwirtschaft«, und folglich für den Umweg, Teile des Gewinns auf den Finanzmärkten zu suchen, um auch ohne Akkumulation steigende Profite zu sichern. Zu Beginn der 1980er Jahre ist, wie der Ökonom Michel Husson anmerkt, »die Hauptquelle der Finanzblase das tendenzielle Ansteigen nicht akkumulierten Profits, der sich selbst wiederum einer doppelten Bewegung verdankt: zum einen dem allgemeinen Sinken des Lohnniveaus und zum anderen der Stagnation – also dem Sinken – der Akkumulationsrate, ungeachtet der Wiederherstellung der Profitrate«.[4] Akkumulationsrate meint dabei die Wachstumsrate des Nettokapitalvolumens, während Profitrate das Verhältnis zwischen Profit und Kapital bezeichnet: Deren Auseinanderlaufen seit den 1980er Jahren ist ein sicherer Indikator des Finanzialisierungsprozesses, wenn auch nicht der einzige. Doch wie bereits erwähnt gesellen sich zum nicht neuerlich investierten industriellen Gewinn nach und nach weitere Quellen der »Akkumulation« des Finanzkapitals – ein entscheidender Umstand, wollen wir die Veränderungen des Postfordismus, sein Entwicklungsmodell und seine Krise, verstehen. Bemerkenswerterweise verlieren im Prozess der Finanzialisierung – einhergehend mit einer Dominanz des angelsächsischen dem rheinischen Modell gegenüber – die Banken als Vermittler an Bedeutung, wo es um das Finanzieren des ökonomischen Wachstums geht, doch gleichzeitig ist eine Vervielfachung der im Finanzbereich auftretenden Vermittler festzustellen, eine Folge der Deregulierung und Liberalisierung der Ökonomie.

Der Übergang von fordistischer Produktionsweise zum »Shareholder-Kapitalismus«, der die Grundlage des aktuellen Finanzkapitalismus bildet, vollzieht sich vor dem Hintergrund des dramatischen Rückgangs industrieller Gewinne (um rund 50 Prozent) Ende der 1960er und zu Beginn der 1970er Jahre. Diese Entwicklung wiederum ist der Erschöpfung der technologischen und ökonomischen Voraussetzungen des Fordismus geschuldet, insbesondere der Sättigung der Märkte für Massenkonsumgüter, ebenso sehr aber auch den Auswirkungen einer gewissen Rigidität, was Produktionsabläufe, akkumuliertes konstantes Kapital und Arbeitslöhne anbelangt, die politisch »nach unten unbeweglich« waren. Auf dem

---

[4] Michel Husson, »Les enjeux de la crise«, *La Brèche* 4, November 2008.

Höhepunkt seiner Entwicklung – der eine stabile organische Kapitalzusammensetzung korrespondiert, das heißt ein bestimmtes Verhältnis von konstantem Kapital (Produktionsmitteln) und variablem Kapital (lebendiger Arbeit) – ist der fordistische Kapitalismus nicht länger in der Lage, der lebendigen Arbeitskraft Mehrwert abzupressen. Der Soziologe Luciano Gallino beschreibt diese Situation: »Seit der zweiten Hälfte der 1970er Jahre wird der unablässige – auf das Drängen der Kapitaleigner und Investoren zurückgehende – Versuch kapitalistischer Unternehmen, mit verschiedenen Mitteln die Profitrate erneut auf das hohe Niveau zu bringen, das sie 20 Jahre zuvor aufwies, zur wichtigsten Antriebskraft der Weltwirtschaft.«[5]

Die Mittel sind bekannt: Senkung der Lohnkosten, Angriffe auf gewerkschaftliche Strukturen, Automatisierung und Robotisierung ganzer Arbeitsabläufe, Produktionsverlagerung in Niedriglohnländer, Prekarisierung der Arbeitskraft, Diversifikation der Konsummodelle. Und eben Finanzialisierung, das heißt ein Steigern der Gewinne nicht dadurch, dass der Ertrag die Kosten übersteigt (was der fordistisch-industriellen Logik entspräche), sondern durch einen Wertzuwachs an der Börse »zu einem Zeitpunkt t_2 im Vergleich zum Zeitpunkt t_1 – wobei der Abstand zwischen t_1 und t_2 unter Umständen nur wenige Tage beträgt«.[6]

Indes ist der Rückgriff der Unternehmen auf die Finanzmärkte, um Profitraten wiederherzustellen, keinesfalls mit der Finanzierung der Unternehmenstätigkeit durch die Emission neuer Wertpapiere zu verwechseln, schließlich verfügen Unternehmen immer über große Spielräume, wenn es um die Eigenfinanzierung geht. So decken Unternehmen in den USA, also im Land mit dem größten Aktienmarkt weltweit, nur etwa ein Prozent ihres Finanzbedarfs durch die Ausgabe neuer Aktien, in Deutschland sind es zwei Pro-

---

5 Luciano Gallino, *L'impresa irresponsabile*, Turin 2005, S. 99.
6 Ebd.

zent. Die Finanzialisierung der Ökonomie ist ein Prozess, in dem es darum geht, die Rentabilität des Kapitals nach einer Zeit fallender Profitraten wiederherzustellen, sie ist mit anderen Worten ein Dispositiv, um die Rentabilität des Kapitals *außerhalb* des unmittelbaren Produktionsprozesses zu steigern. Das gleiche Dispositiv führt dazu, dass die Unternehmen – auf, wie es heißt, »unverantwortliche« Art und Weise – das Paradigma vom Shareholder Value verinnerlichen, das heißt dem Aktienkurs den Vorrang gegenüber dem sogenannten Stakeholder Value einräumen, also den Interessen einer Vielfalt von »Betroffenen« und »Beteiligten« (seien sie Beschäftigte, Konsumenten, Zulieferbetriebe, die Umwelt oder zukünftige Generationen).

Der Anteil der industriellen Gewinne am Gesamtergebnis aller Unternehmen in der USA fiel Ende der 1960er und zu Beginn der 1970er Jahre von 24 Prozent auf 15 bis 17 Prozent und hat danach 14 bis 15 Prozent nie mehr substanziell überschritten; die Finanzialisierung ist folglich strukturell geworden, das heißt zum tatsächlichen Modus operandi des Kapitalismus der Gegenwart. Der Sozialhistoriker Giovanni Arrighi beschreibt die Dynamik wie folgt: »Wie Greta Krippner auf der Basis einer gründlichen Analyse verfügbarer Daten gezeigt hat, hat in den 1980er Jahren in den USA der Profitanteil aus Finanz-, Versicherungs- und Immobiliengeschäften (zusammengefasst unter dem Akronym *FIRE – finance, insurance, and real estate*) am Gesamtergebnis US-amerikanischer Unternehmen den Profitanteil aus der industriellen Produktion nicht nur fast eingeholt und in den 1990er Jahren überholt, sondern es waren in den 1970er und 1980er Jahren vor allem die Nicht-Finanzunternehmen selbst, die ihre Investitionen in Finanzwerten gegenüber solchen in Sachanlagen und Maschinenpark drastisch erhöhten und so, was Erträge und Profite anbelangt, immer stärker von Finanzquellen als von ihrer industriellen Produktion abhängig wurden. Besonders signifikant ist Krippners Erkenntnis, dass die verarbeitende Industrie den Trend zur ›Finanzialisierung‹ des Nicht-Finanzsektors nicht nur beherrscht, sondern anführt.«[7]

Das mag zugleich genügen, die alte Unterscheidung zwischen (industrieller, produzierender) Realwirtschaft und Finanzwirtschaft endgültig einzumotten, und mit ihr die Gegenüberstellung industrieller Profite und »fiktiver« Profite in der Finanzsphäre. Ebenso sollten wir sowohl in theoretischer wie in historischer Hinsicht aufhören, Kapitalismus mit Industriekapitalismus zu identifizieren (wie es im Übrigen auch Arrighi tut, der darin einer gewissen marxistischen Orthodoxie folgt). Statt im Zusammenhang mit der Durchsetzung des Paradigmas vom Shareholder Value im Verlauf der vergangenen 30 Jahre vom »unverantwortlichen« Handeln der Unternehmen zu sprechen, sind die Veränderungen des Produktionsprozesses zu analysieren, dessen Grundlage das »Rente-Werden« (*divenire rendita*) des Profits ist, um eine griffige Formulierung von Carlo Vercellone zu verwenden.[8]

Nun besteht kein Zweifel, dass unter der postfordistischen Gestalt des Finanzkapitalismus, in der die Lohnquote abnimmt, die Lohnform insgesamt prekär wird und die Kapitalinvestitionen gleichzeitig stagnieren, das Problem der Realisierung des Profits (das heißt: der Realisierung des produzierten Mehrwerts) auf einen Konsum verweist, der auf *nicht lohnförmigen Einkommen* basiert. Unter Verteilungsgesichtspunkten betrachtet (in Anbetracht also der charakteristischen, extrem hohen Polarisierung des Reichtums) vollzieht sich die Reproduktion des Kapitals teils dank eines zunehmenden

---

7 Giovanni Arrighi, *Adam Smith in Beijing. Die Genealogie des 21. Jahrhunderts*, übers. v. Britta Dutke, Hamburg 2007, S. 180.
8 Vgl. Carlo Vercellone, »Die Krise des Wertgesetzes. Der Profit wird zur Rente«, in: Sandro Mezzadra u. Andrea Fumagalli (Hg.), *Die Krise denken: Finanzmärkte, soziale Kämpfe und neue politische Szenarien*, übers. v. e. Kollektiv, Münster 2010, S. 85–114.

Konsumanteils aus Vermögens- und Kapitaleinkommen, nicht zuletzt aber auch dank des auf Verschuldung gründenden Konsums von Lohnabhängigen. Die Finanzialisierung redistribuiert Geld- und Renteneinkommen, wenn auch auf zutiefst ungleiche und prekäre Weise (beispielsweise im Falle von Altersrenten aus finanzdefinierten Rentenplänen entsprechend den Beitragszahlungen), das heißt, auch Lohnarbeiter beziehen Einkommen, die sich aus Finanzmarktrenditen speisen, aus Vermögenswerten und Immobilieneigentum (in den USA beispielsweise im Verhältnis 20 zu 80 Prozent). Es ließe sich demnach auch von einer Art »Rente-Werden« des Lohns sprechen, nicht nur des Profits.

Die Verschuldung der privaten Haushalte, eine Verschuldung, der im Übrigen ein mehr oder weniger ausgeprägter Rückgang bei den Spareinlagen korrespondiert (in den USA massiver als in europäischen Ländern), erlaubt es dem neuen Finanzkapitalismus, sich auf erweiterter – und globaler – Ebene zu reproduzieren. Zugleich zeigt sich, dass mit den Eingriffen in die redistributiven Funktionen des Sozialstaats, mit den Kürzungen staatlicher Leistungen, die wir in den vergangenen Jahrzehnten erlebten, eine Art der Privatisierung des *deficit spending*, wie wir es aus dem Keynesianismus kannten, einherging, das heißt, es wurde eine Nachfrage geschaffen, die auf privater Verschuldung gründet (deren Risiko somit im Wesentlichen ebenfalls die Privathaushalte tragen).

In den USA bilden die Hypothekenschulden, die insgesamt eine Höhe von über 70 Prozent des BIP erreichen (bei einer 93 Prozent des BIP entsprechenden Gesamtverschuldung der Privathaushalte), die Hauptquelle des expandierenden Konsums in den 2000er Jahren; zugleich sind sie der Motor der Immobilienblase nach 2002. Der steigende Konsum wird möglich durch sogenanntes *remortgaging*, das heißt die Möglichkeit, Hypothekendarlehen neu zu verhandeln und zu refinanzieren, um so auf der Grundlage eines inflationsbedingten Preisanstiegs des Immobilieneigentums neue Kredite aufzunehmen.

Tatsächlich spielt das *home equity extraction* genannte Vorgehen (das Aufnehmen eines Darlehens auf den Marktwert einer Immobilie) für das Wachstum der US-Wirtschaft eine zentrale Rolle. Das dem US-Handelsministerium angegliederte *Bureau of Economic Analysis* (BEA) schätzt, dass die expandierende *home equity extraction* im Jahrfünft 2002 bis 2007 für das BIP einen Wachstumseffekt von im Mittel anderthalb Prozent brachte. Ohne die positiven Wirkungen, die von Hypothekendarlehen und steigendem Konsum ausgingen, wäre das Wirtschaftswachstum in den USA bestenfalls dem in der Eurozone vergleichbar gewesen oder sogar hinter ihm zurückgeblieben.[9]

Der explosionsartige Anstieg der Verschuldung der US-Haushalte in den Jahren 2000 bis 2002, insbesondere nach dem Zusammenbruch der Technologiebörse NASDAQ, wird durch eine insgesamt expansive Geldpolitik und eine Deregulierung im Bereich der Banken erleichtert, durch eine Politik also, die eine Verbriefung, das heißt die Verbreitung handelbarer Wertpapiere, die sich auf Kredite beziehen, forciert: Geschaffen werden Finanzinstrumente wie etwa *collateralized debt obligations* (CDO) oder *collateralized loan obligations* (CLO), darüber hinaus sogenannte *credit default swaps* (CDS), derivative Kreditausfallpapiere, die zwischen Händlern ausgetauscht (oder genauer: barattiert) werden, um Investitionsrisiken abzusichern. Binnen zehn Jahren hat sich das Gesamtvolumen der Kreditderivate um das Hundertfache vergrößert; der Marktumfang wird Ende 2008 auf rund 62 Billionen US-Dollar beziffert.[10]

---

9 Vgl. Sapir, »L'économie politique internationale de la crise et la question du ›nouveau Bretton Woods‹«, a.a.O., S. 7.
10 Einen Überblick über verschiedene Finanzderivate bietet beispielsweise Charles R. Morris, *The Trillion Dollar Meltdown: Easy Money, High Rollers, and the Great Credit Crash*, New York 2008.

Die Verbriefung erlaubt es, bereitgestellte Darlehen aus den Bilanzen der Kreditinstitute und -vermittler (Immobilienmakler, Hypothekenbanken, aber auch Kreditkartenunternehmen) verschwinden zu lassen, indem man sie an Investmentbanken verkauft. Letztere schaffen Kreditportfolien mit unterschiedlichen Risiken (bezogen auf die Bonität der Kreditnehmer) und auf dieser Grundlage emittieren sie Wertpapiere, die in der Folge an eigens ad hoc geschaffene Finanzstrukturen abgetreten werden (sogenannte *conduits* und *structured investment vehicles*), die wiederum den Kaufpreis mit Hilfe von Geldmarktpapieren mit kurzer Laufzeit refinanzieren. Schließlich werden die Wertpapiere bei verschiedenen Investoren platziert, darunter Hedgefonds, Investmentbanken und Pensionsfonds. So werden die Hypothekenschulden der einen für eine gewisse Zeit zu Aktiva mit hohen Renditen in den Händen anderer. Die Soziologin Martha Poon beschreibt den Mechanismus mit dem Ausdruck *originate to distribute*: »Wie bei einem industriellen Produktionsablauf koordinieren diverse spezialisierte Unternehmen ihr Tun, um Investitionsgüter herzustellen, zu montieren und neu zusammenzusetzen, und zwar ausgehend von aggregierten Immobilienkrediten. Die Akteure in diesem Produktionsablauf sind Maklerunternehmen, die im direkten Kontakt mit den Konsumenten stehen, sowie Unternehmen, die die Vermittlung übernehmen, Kredite in großen Mengen kaufen und entsprechend den Vorgaben der Finanzinstitute und spekulativen Investmentfonds (oder Hedgefonds), die das Kapital bereitstellen, gruppieren und aggregieren; am Ende der Kette schließlich finden sich die Ratingagenturen, die darüber entscheiden, ob die Zusammensetzung der so geschaffenen Anlageportfolios ihren Qualitätskriterien genügt.«[11]

---

[11] Martha Poon, »Aux origines était la bulle: La mécanique des fluides des subprimes«, *mouvements* 58 (2009) [online: mouvements.info].

Diese komplexe Finanzarchitektur erlaubt im Wesentlichen, das Gesamtkreditvolumen auszudehnen (wirksam ist hier ein sogenannter Leverage- bzw. Hebel-Effekt), indem bereitgestellte Darlehen in den Bilanzen der Kreditinstitute nicht mehr auftauchen und Letztere so in die Lage versetzt sind, neue Darlehen zu gewähren. Tatsächlich handelt es sich um eine Art wundersame Brotvermehrung, insofern die Ablösung der rein monetären Zins- und Dividendenerträge von den Wertpapieren – als Titel, die das Anrecht auf einen Teil eines produzierten Profits verbürgen – eine der Multiplikation des Kreditvolumens durch Verbriefungen implizite Dynamik ist.

Es überrascht kaum, dass Kreditderivate, die auf Subprime-Hypothekenkrediten beruhen, von Anfang an als Sündenbock der globalen Finanzkrise gelten und von ihnen schließlich nur noch als »toxischen« Papieren die Rede ist. Die Verbriefung der Subprime-Darlehen steht in der Tat im Zentrum der Entwicklungen, die die Welt der Hypothekenfinanzierung in den USA veränderten: Die auf Immobiliendarlehen spezialisierten Unternehmen der Finanzbranche agieren hier zugleich auf dem umfangreichen Markt für Investmentprodukte, auf dem sogenannte *asset backed securities* oder forderungsbesicherte Wertpapiere eine wichtige Rolle spielen. In Letzteren schlagen sich alle Übel der neuen Finanzwelt nieder: eine nachlässige Praxis der Kreditvergabe, der Versuch, durch Emission forderungsbesicherter Papiere rasch eine möglichst einfache Kompensation zu erzielen, Leichtsinn bei der Vergabe von Darlehen an finanzschwache Personen, Verstoß gegen Regeln, Naivität bei der Risikoberechnung, Betrug etc.

Martha Poon erinnert in ihrem bereits zitierten Artikel: »Der Handel mit Immobiliendarlehen ist in den USA kein Novum, er geht zurück auf die Zeiten des New Deal. Doch in jüngerer Zeit gab es eine Verschiebung in diesem Bereich: von der traditionellen Beschränkung auf einen Markt, dessen Liquidität Körperschaften zur Verfügung stellten, die staatlicher Aufsicht unterstehen – die sogenannten *Government Sponsored Enterprises* (GSE), landläufig unter den Namen Fannie Mae und Freddie Mac bekannt –, und von spezialisierten Darlehensanbietern, deren Finanzaktivitäten Einlagen gegenüberstanden, zu einer Branche, deren Antrieb im Wesentlichen Investitionen in Risikopapiere sind.«[12]

Verbriefbar waren einzig Forderungen der GSE aus bestbewerteten Hypothekendarlehen (sogenannten Prime-Darlehen), während Darlehen an Kreditnehmer geringerer Bonität (Subprime-Darlehen) erklärtermaßen von der Verbriefung ausgeschlossen waren.[13] »Die Finanzkrise«, schreibt Paul Krugman, »führte unvermeidlich zur Suche nach den Übeltätern. Manche der Anschuldigungen sind völlig haltlos, zum Beispiel die bei den Rechten beliebte Behauptung, verantwortlich für all unsere Probleme sei der Community Reinvestment Act, der angeblich die Banken zwang, Kredite an Hauskäufer aus ethnischen Minderheiten zu vergeben, die dann mit ihren Hypotheken in Verzug gerieten; tatsächlich wurde das Gesetz schon 1977 erlassen, sodass kaum einzusehen ist, wie man ihm die Schuld an einer Krise geben kann, die erst drei Jahrzehnte später eintrat. Ohnehin galt das Gesetz nur für Depositenbanken, auf die lediglich ein Bruchteil der faulen Kredite während der Immobilienblase entfiel.«[14]

Die Verbriefung von Prime-Darlehen im Laufe der 1970er und 1980er Jahre war – indem das Wohneigentum gefördert wurde – auch ein Beitrag zur Konsolidierung der Mittelklasse, und nicht nur der US-amerikanischen. Der Stadtsoziologe Marco d'Eramo

---

12 Ebd.
13 Zur Schaffung des ersten Derivats auf Hypotheken im Jahr 1970, »Ginnie Mae« genannt, vgl. meine Untersuchung *Fetisch Geld. Wirtschaft, Staat, Gesellschaft im monetaristischen Zeitalter*, übers. v. Massimo Romano, Zürich 1999, S. 79–83.
14 Paul Krugman, *Die neue Weltwirtschaftskrise*, übers. v. Herbert Allgeier u. Friedrich Griese, Frankfurt a. M./New York 2009, S. 190.

erinnert an diesen Zusammenhang: »Während der Inflationsjahre war für US-Amerikaner, Kanadier, Australier, Japaner und den größten Teil der Europäer der Kauf eines Eigenheims attraktiv. Der Preis des Wohneigentums stieg derart, dass er in keinem Verhältnis zum Kaufpreis mehr stand; wenn das Eigenheim einen gewissen Wert hatte, waren alle zufrieden, zumindest solange das Schlaraffenland Bestand hatte. Die Inflation des Eigenheimwertes bedingte eine große Umverteilung von Reichtum. Wer kein Eigenheim besaß, war benachteiligt: Wie alle anderen zahlte er ständig mehr für Güter und Dienstleistungen, konnte aber im Gegensatz zu den Eigenheimbesitzern diese Teuerung nicht durch steuerfreie Kapitalgewinne kompensieren.«[15]

Seit der Krise der sogenannten New Economy in den Jahren 2000 bis 2002 erlebt der Immobilienmarkt in den USA eine ungeheure Expansion. Bereits 2001 sind die Preise in diesem Sektor sehr hoch, so hoch, dass Analysten schon 2002 von einer Blase sprechen. Doch dank der Verbriefung der Subprime-Darlehen gelingt es, die Krise im Immobiliensektor bis zum Platzen der Blase 2007 aufzuschieben.

Die Expansionsdynamik des Subprime-Marktes macht deutlich, dass Wachstum und Profit im Finanzkapitalismus entscheidend davon abhängen, neben der Mittelklasse die Armen zu mobilisieren. Um funktionieren zu können, muss dieser Kapitalismus gewissermaßen auf das nackte Leben setzen, auf Menschen, die keinerlei Garantien vorzuweisen haben und nichts einbringen können als sich selbst: Das nackte Leben wird in eine unmittelbare Quelle des Profits verwandelt. Bei der Verbriefung von Hypothekendarlehen geschieht dies durch stochastische Berechnungen, mit deren Hilfe die Wahrscheinlichkeit ausfallender Schuldentilgung, bezogen auf

---

[15] Marco d'Eramo, *Il maiale e il grattacielo, Chicago: una storia del nostro futuro*, Mailand 1995, S. 39.

die Gesamtbevölkerung, »kalkulierbar« und damit vernachlässigbar wird. Tatsächlich offenbart sich die der Kalkulation zugrundeliegende Finanzlogik als zynisch: Die aus einem Pool von Hypothekendarlehen gebildeten, von Investmentbanken zusammengestellten verbrieften Kredite werden nach dem Subordinationsprinzip, das heißt entsprechend dem mit ihnen verbundenen Ausfallrisiko gruppiert. Mit der ersten Tranche, der untersten, ist das höchste Risiko verbunden, die mittlere stellt ein geringeres Risiko dar, während sich die obere, in der sich ältere und bessere Vermögenswerte (*super senior* und *senior* genannt) finden, als sicher ansehen ließe. Die obere Tranche wird durch die anderen geschützt, sodass die untere Tranche den exponiertesten Teil der verbrieften Hypothekendarlehen repräsentiert, diejenigen nämlich, die zuerst platzen. Das Dach über dem Kopf hängt somit ab von mathematischen Risikomodellen, in denen das Leben von Menschen keinerlei Bedeutung hat und die Armen gegen die weniger Armen ausgespielt werden. Das soziale Recht auf Wohnung wird dem privaten Profitstreben untergeordnet. Das alles im Übrigen mit Unterstützung akademischer Wirtschaftswissenschaftler, die in all diesen Jahren ihre wissenschaftliche Kompetenz und Integrität der Finanzwirtschaft angedient haben.[16]

Der Finanzkapitalismus funktioniert aufgrund der Erwartung eines permanenten und »unendlichen« Steigens der Immobilienpreise. Ohne solche (auch inflationsbedingt) steigende Preise wäre es nicht möglich, die mehr oder weniger Mittellosen einzubinden. Das wiederum ist notwendige Bedingung, um weiterhin Profite realisieren zu können. Es ist eine Art Ponzi-Trick, ein Pyramiden-

---

16 Zur Frage, wie die aktuelle Finanzkrise auch eine Krise der akademischen Wirtschaftswissenschaften offenbart, vgl. David Colander u.a., »The Financial Crisis and the Systemic Failure of the Economics Profession«, in: Jeffrey Friedman (Hg.), *What Caused the Financial Crisis*, Philadelphia 2011, S. 262–278.

oder Schneeballsystem, bei dem die Letzten, die sich beteiligen, den Ersten ermöglichen, ausgezahlt zu werden – ein Lehrbeispiel ist etwa das Betrugssystem, das Bernard Madoff, der ehemalige Chef der NASDAQ, aufgebaut hatte, ein System, dem es gelang, rund 50 Milliarden US-Dollar zu akquirieren und dabei namhafte Finanz- und Bankakteure zu involvieren.

Die Grenze dieser Inklusionsdynamik ist determiniert durch den Widerspruch zwischen Rechten des gesellschaftlichen Eigentums (wie dem Recht auf Wohnung) und dem Recht des Privateigentums, zwischen den sich ausweitenden sozialen Bedürfnissen und der von Privatinteressen geleiteten Marktlogik des Finanzkapitalismus. Diese Grenze ist der Einsatz künftiger sozialer Konflikte, und an ihr entscheidet sich auch, ob das Kapital in der Lage sein wird (oder nicht), seine Krise zu überwinden. Es geht dabei zugleich um eine zeitliche Dimension, ersichtlich etwa an der Architektur typischer Hypothekendarlehen auf dem Subprime-Markt. Ein Musterbeispiel für den Widerspruch zwischen Rechten des gesellschaftlichen Eigentums und dem Recht des Privateigentums stellt die für Darlehensverträge im genannten Segment übliche Formel »2+28« dar, die dafür steht, dass in den ersten beiden Jahren die Hypothekenzinsen unverändert niedrig bleiben – was letztlich dazu dienen soll, immer neue »Eigenheimbesitzer« zu schaffen –, während in den restlichen 28 Jahren der Laufzeit der Zinssatz variabel ist und somit von der allgemeinen Konjunkturentwicklung und der Geldmarktpolitik abhängt. Zwei Jahre, in denen der Gebrauchswert (also das Recht auf eine Wohnung) relativ stark ins Gewicht fällt, werden abgelöst von 28 Jahren der Vorherrschaft des Tauschwerts, einer Dominanz, zu deren äußerst gewalttätigen Konsequenzen Maßnahmen des Ausschlusses wie etwa Zwangsvollstreckungen gehören.

Die Finanzlogik produziert so ein Gemeingut, ein *Communes*, um es in der Folge aufzuteilen und zu privatisieren; die Bewohner werden vertrieben, Mangel und Knappheit in allen Spielarten künstlich geschaffen, sodass es an finanziellen Mitteln und Liquidität ebenso fehlt wie an Rechten, Begehren und Macht. Es ist ein Vorgang, der an die Epoche der gewaltsamen Einhegungen und *enclosures* seit dem 17. Jahrhundert erinnert, während der die bäuerlichen Bevölkerungen, die das Land gemeinsam nutzten, die auf dem Land und von ihm lebten, durch Privatisierung und Aufteilung ihres Gemeindelandes vertrieben wurden, durch Prozesse also, die Ausgangspunkt für die Entstehung des neuzeitlichen Proletariats (und seines nackten Lebens) sind.

Auf die Parallele zur ursprünglichen Akkumulation weist auch die Soziologin Saskia Sassen hin: »In den USA, die den *ground zero* dieser Formen von ursprünglicher Akkumulation bilden, haben täglich im Durchschnitt 10.000 Hausbesitzer bei Zwangsvollstreckungen ihr Zuhause verloren. Und schätzungsweise zehn bis zwölf Millionen Haushalte in den USA werden innerhalb der kommenden vier Jahre nicht in der Lage sein, ihre Hypotheken zurückzuzahlen und, unter den gegebenen Bedingungen, ihr Heim verlieren. Das ist eine brutale Form ursprünglicher Akkumulation: Angesichts der Möglichkeit (die zumeist reine Phantasie, ja eine Lüge ist), ein Haus zu besitzen, werden Geringverdiener ihre noch so kümmerlichen Ersparnisse oder ihre künftigen Einnahmen in eine Anzahlung stecken.«[17]

Mit Blick auf Spinoza und seinen Widerstand gegen Souveränitätsnormen und -disziplin erhellt der Philosoph Augusto Illuminati die typisch juristisch-normative Struktur der Einhegungsprozesse: »Keineswegs lässt er [Spinoza] das Land außer Acht, doch ist es für ihn nicht das von Begrenzungen durchzogene, für Viehzucht und Jagd eingehegte Land der *enclosures* aus dem 17. Jahrhundert, wo

---

17 Saskia Sassen, »Die Rückkehr zur ursprünglichen Akkumulation. Unter Verwendung komplexer Finanzinstrumente«, übers. v. Effi Böhlke, *transform! Europäische Zeitschrift für kritisches Denken und politischen Dialog*, 04/2009, S. 21.

die Schafe – um es mit den Levellers zu sagen – die Menschen aufgefressen haben, es ist nicht das Land, auf dem die Menschen dazu verdammt sind, trägen Schafen gleich zu werden, auf dass sie einzig zu Diensten zu sein lernen, denn ein solches Land bedeutet weder Frieden noch Bürgerrecht, sondern vielmehr *solitudo*, Ödnis.«[18] Ursprüngliche Akkumulation, Unterwerfung unter die Lohnarbeit und Proletarisierung von Millionen von Menschen sind indes, wie Sandro Mezzadra zeigt, Prozesse, die sich wie auch die Landvertreibung historisch immer aufs Neue wiederholen, sobald die erweiterte Reproduktion des Kapitals auf Formen des Communen trifft, die Produkt gesellschaftlicher Beziehungen sind und auf Kooperationen zurückgehen, die den Ausbeutungsgesetzen des Kapitalismus »entfliehen«.[19] Es ist ein unter Bedingungen befreiter Gesellschaftlichkeit geschaffenes *Communes*, das der kapitalistischen Aneignung desselben immer schon *vorausgeht*.

---

18 Augusto Illuminati, *Spinoza atlantico*, Mailand 2008, S. 15.
19 Sandro Mezzadra, »La ›cosiddetta‹ accumulazione originaria«, in: Alisa Del Re et al., *Lessico marxiano*, Rom 2008, S. 23–52.

Der Profit wird Rente

Die *nicht* »schmarotzerhafte« Dimension des Finanzsektors, seine Fähigkeit, Renditen hervorzubringen, um einen steigenden Konsum zu sichern, mit anderen Worten: eine Steigerung der Nachfrage, die zu Wirtschaftswachstum führt, lässt sich nicht allein aus der Distributionssphäre erklären. Es stimmt selbstverständlich, dass der Finanzsektor sich von nicht akkumuliertem Profit nährt, von Profit, der nicht in (konstantes oder variables) Kapital reinvestiert und stattdessen durch sogenanntes *financial engineering*, das heißt den optimierenden Einsatz kombinierter Finanzprodukte, exponentiell vermehrt wird; ebenso trifft es zu, dass durch die Steigerung der Profite gewisse Anteile des Mehrwerts Vermögensbesitzern zufallen. So, also immer noch unter dem Aspekt der Distribution betrachtet, zeigt die Analyse der Finanzialisierung und ihrer intrinsischen Instabilität regelrecht pervers zu nennende Tendenzen, die Bewegung des Finanzkapitals verselbstständigt sich und löst sich von jeglicher Art kollektiver Interessen ab: Dafür stehen die Erschütterungen der Lohn- oder Beschäftigungsstabilität, der Zusammenbruch der Rentensysteme und der Verlust an der Börse investierter Ersparnisse ebenso wie geplatzte Konsumentenkredite oder Stipendien, die sich in Luft auflösen. Es sind dies selbstreferentiellen Dynamiken geschuldete Prozesse, in denen die Suche nach immer höheren Aktiengewinnen zur Verallgemeinerung von nicht steuerbaren Finanzinstrumenten führt, die jenseits jeglicher Regulierung und Kontrolle steigende »fiktive« Profite generieren.

Die der finanzkapitalistischen Produktionsweise innewohnende Krisenentwicklung vertieft den Graben zwischen gesellschaftlichen Bedürfnissen einerseits und der am Kriterium der Hyperrentabilität ausgerichteten Finanzlogik andererseits. Die Entwicklung in den ökonomisch entwickelten Ländern zeichnet dabei aus, dass sich zunehmend ein anthropogenetisches Modell durchsetzt, ein Modell der »Produktion des Menschen mittels des Menschen«, in dem in wachsendem Maße die Sektoren des Sozialen, der Gesundheit, der Bildung und der Kultur in den Mittelpunkt treten. Die Privatisierung gerät hier in Konflikt mit Bereichen, die lange Zeit durch die öffentliche Hand geführt wurden. In den weniger entwickelten Ländern führt die Expansion der Verwertung des gesellschaftlichen Raums zu Dynamiken der Überausbeutung sowie zur Zerstörung lokaler Ökonomien und der Umwelt. Der Rentabilitätsanspruch, den der Finanzkapitalismus der Gesellschaft insgesamt aufnötigt, verstärkt Tendenzen sozialer Regression in ihr und bringt sie durch ein Wachstumsmodell in Bedrängnis, das, um Reichtum anzuhäufen, ihren sozialen Zusammenhang und die Qualität des Lebens selbst bereitwillig opfert. Lohndeflation, eine Pathologisierung der Arbeit, deren Sinnbild die steigenden, auf Stress am Arbeitsplatz zurückzuführenden Gesundheitskosten sind (die auf bis zu drei Prozent des BIP beziffert werden), oder auch die sinkende Bereitschaft, soziale Verantwortung zu übernehmen, und irreparable Schäden an der Umwelt gehören ebenso zu den Auswirkungen der Finanzlogik wie die für den globalen Finanzkapitalismus typischen Standortverlagerungen.

Es stellt sich nunmehr allerdings das Problem, dass die (letztlich ökonomistische) Distributionsperspektive die Untersuchung von Entwicklung und Krise des Finanzkapitalismus in eine echte Sackgasse führt. Mit einem Gemeinplatz wie dem vom parasitären Charakter des Finanzsektors beißt sich die Katze in den Schwanz. Die – zunächst noch eher theoretische denn politisch-praktische – Sackgasse ist offenkundig: die Unmöglichkeit, Strategien für einen Ausweg aus der Krise aufzuzeigen, gepaart mit einem Rekurs auf Konjunkturprogramme und ökonomische Maßnahmen, die zum einen auf die Rettung des Finanzsektors zielen (dessen Geiseln wir indes in Wirklichkeit sind), doch letztlich die Aussichten auf wirtschaftliche Wiederbelebung im Grunde vereiteln.

Von rechts wie von links wird eine (kaum wahrscheinliche) Rückkehr zur sogenannten Realökonomie herbeigesehnt, eine regelrechte »Reindustrialisierung« – allerdings, wenn möglich, ein wenig grüner –, um aus den finanzialisierten Wirtschaftsstrukturen auszusteigen, denen die Mitschuld an der Vernichtung von Einkommen und Beschäftigung angelastet werden kann. Doch niemand gibt sich auch nur die geringste Mühe, die Natur und den Funktionsmodus einer solchen »Realökonomie« näher zu beschreiben. Man erhofft sich also Staatshilfen für Industriebranchen, die in einer Überproduktionskrise stecken, Hilfen, die weiteren Arbeitsplatzabbau und Lohnsenkungen zur Folge haben und gewiss nicht dazu beitragen werden, die Wirtschaft insgesamt wieder anzukurbeln – im Gegenteil.

Die ersehnte Rückkehr zur Fabrikation »handfester Dinge« erinnert in vielerlei Hinsicht an die Kritik der Physiokraten an den Vorreitern der ersten industriellen Revolution, an den Vorwurf, »Maschinen kann man nicht essen« – im Gegensatz zu den Früchten des Bodens –, eine Kritik, die allerdings vergisst, dass die Maschinen dazu beitragen, die Produktivität gerade auch im landwirtschaftlichen Sektor zu steigern. Aufschlussreich ist im Übrigen, dass Länder mit einem Handelsbilanzüberschuss, also etwa die Schwellenländer, aber auch Deutschland und Japan, ihre Exportziffern nicht zuletzt deshalb steigern konnten, weil die *Nachfrage* nach Gütern und Dienstleistungen in Ländern mit einem nachhaltig ausgebauten Dienstleistungssektor (nicht nur im Finanzbereich) wie den USA und Großbritannien hohe Wachstumsraten sicherstellte. Umgekehrt werden die Auswirkungen der Weltwirtschaftskrise wie etwa die aufgelaufene gewaltige Überproduktion die Länder mit Handelsbilanzüberschüssen besonders treffen. Der Umstand, dass diese Länder zugleich die höchsten Sparraten aufweisen, macht die Dinge nicht einfacher: Gewiss wäre es denkbar, dass die Ersparnisse dazu dienten, qua Konsum die Binnennachfrage zu stärken, doch genau das wird nicht geschehen, aus dem simplen Grund, dass die Sparguthaben gebraucht werden, um den Auswirkungen der Rezession auf Beschäftigung und Löhne etwas entgegenzusetzen.[1]

Das bedeutet indes nicht, die Länder, die in den vergangenen Jahrzehnten vornehmlich den Dienstleistungssektor ausgebaut haben (gewiss nicht nur die USA und Großbritannien), könnten angesichts der Krise darauf verzichten, ihre Wachstumsstrategien neu auszurichten. Doch mit Sicherheit wird es keine Rückkehr zu einer nicht näher definierten »Realökonomie« sein, mit der sich ein Ausweg eröffnet. Beispielsweise weisen in den Ländern mit Handelsbilanzdefizit sowohl die Privathaushalte als auch die öffentliche Hand einen sehr hohen Verschuldungsgrad auf, eine Verschuldung, die sich in der aktuellen Krise – insbesondere auf Seiten des Staates – noch weiter erhöhen wird; auch die Infrastruktur offenbart zudem Mängel, eine Folge jahrelang stockender Investitionen im öffentlichen Sektor. Und nicht zuletzt besteht in den genannten Ländern ein Defizit im Bereich der beruflichen Qualifikation, ein Defizit, die diffusen Fähigkeiten und Formen des Wissens *zu verwerten* – für die Wissensarbeiter allerdings eher ein Nachteil als eine Chance.

Der hartnäckig sich haltende blinde Fleck sowohl in theoretischer als auch in praktischer Hinsicht geht letztlich auf eine nutzlose Unterscheidung zwischen einem »produzierenden« (also »handfeste Dinge« herstellenden) und einem »immateriellen« Sektor zurück, eine Entgegensetzung, zu deren Plausibilität das abnorme Wachstum der Finanzsphäre sicherlich beigetragen hat, die heute jedoch im Namen einer vermeintlichen »Reindustrialisierung« Gefahr läuft, all jene künstlerischen und innovativen Tätigkeiten mit hohem

---

1 Vgl. Simon Tilford, »A Trade Surplus is Not Always a Sign of Strength«, *The Financial Times*, 4. März 2009.

Wertschöpfungspotenzial geringzuschätzen, die sich in den letzten Jahren entwickelt haben und die genau die Tätigkeiten sind, in die zu investieren nötig wäre.

Schließlich, und als ob das alles noch nicht genügte, sieht sowohl die Rechte als auch die Linke die Verstaatlichung der von Insolvenz bedrohten Banken als unausweichlich und/oder sogar als wünschenswert an, ohne im Übrigen allzu sehr nach den sozialen Kosten einer solchen Verstaatlichung zu fragen, gilt diese Maßnahme doch als eine nur *vorübergehende*, verbunden mit der Perspektive einer späteren Reprivatisierung derselben Banken. Nach dem Prinzip: Dem Staat, also der Allgemeinheit, überlässt man die faulen Papiere, die *good banks* der Privatwirtschaft! Es ist das alte Lied: Verluste werden sozialisiert, Gewinne privatisiert.[2]

Um der Sackgasse zu entkommen und die Krise des Finanzkapitalismus kritisch untersuchen zu können, scheint es angebracht, ganz von vorne anzufangen und die Ausgangssituation der Finanzialisierung zu analysieren, den Punkt, an dem die Profite begannen, ohne Akkumulation anzuwachsen. Es ist mit anderen Worten notwendig, die Finanzialisierung als die Kehrseite einer Entwicklung der Produktionsweise zu begreifen, deren Durchsetzung in der Krise des Fordismus ihren Anfang nimmt, in einer Situation also, in der das Kapital nicht mehr in der Lage ist, der lebendigen Arbeit, der Lohnarbeit in der Fabrik, unmittelbar Mehrwert abzupressen. Die These, die hier entwickelt werden soll, lautet also: *Die Finanzialisierung ist kein unproduktiver und/oder parasitärer Umweg zu wachsenden Anteilen des Mehrwerts und der kollektiven Rücklagen, sondern vielmehr die Form der Akkumulation des Kapitals, die den neuen Produktions- und Wertschöpfungsprozessen entspricht.* Die aktuelle Finanzkrise ist insofern nicht so sehr als die Implosion eines ausblei-

---

2 Vgl. Matthew Richardson, »The Case For and Against Bank Nationalisation«, *Vox*, 26. Februar 2009 [online: voxeu.org].

benden Akkumulationsprozesses, sondern vielmehr als ein *Infarkt der Kapitalakkumulation* zu interpretieren.

In den vergangenen 30 Jahren hat sich, ganz abgesehen von der Bedeutung des Finanzsektors für die Konsumsphäre, eine richtiggehende Metamorphose der Art und Weise vollzogen, wie Mehrwert produziert wird. Die Verwertungsprozesse haben eine Transformation durchlaufen, die Produktion des Werts und die Extraktion der Mehrarbeit beschränken sich, soviel wird deutlich, nicht länger auf bestimmte privilegierte Orte der Produktion von Gütern und Dienstleistungen, sondern haben gewissermaßen die Fabrikmauern hinter sich gelassen und sind unmittelbar in die *Zirkulationssphäre* des Kapitals eingetreten, das heißt in die Sphäre des Austauschs von Gütern und Dienstleistungen. Im Zuge einer Ausweitung greifen die Prozesse der Produktion und Extraktion des Werts massiv auf die Reproduktions- und Distributionssphäre über – etwas, das, nebenbei bemerkt, Frauen seit langer Zeit sehr wohl kennen. Explizit findet diese Entwicklung ihren Niederschlag auch in der Wirtschaftstheorie und in Managementstrategien, wo von einer *Externalisierung* der Produktionsabläufe die Rede ist, etwa beim sogenannten *crowdsourcing*, wo es darum geht, eine Menge (*crowd*) von Menschen und ihre Lebensweisen einzuspannen und zu verwerten.[3]

Unter einer solchen Perspektive den Finanzkapitalismus als Produktionsweise zu begreifen, bedeutet die »Bio-Ökonomie« beziehungsweise den »Biokapitalismus« in den Blick zu nehmen. Vanni Codeluppi zufolge wäre dieser zu charakterisieren als »jene Form, die sich durch ihre zunehmende Verflechtung mit dem Leben der Menschen auszeichnet. Früher rekurrierte der Kapitalismus in der Hauptsache auf Prozesse, in denen durch den Einsatz von Maschinerie oder auch durch unmittelbar körperliche Arbeit Ausgangs-

---

3 Vgl. Jeff Howe, *Crowdsourcing. Why the Power of the Crowd is Driving the Future of Business*, New York 2008.

stoffe verarbeitet wurden; der Biokapitalismus hingegen produziert Wert nicht allein aus dem arbeitenden, als stoffliches Arbeitsmittel agierenden Körper, sondern es ist der Körper in seiner Gesamtheit, dem Wert extrahiert wird.«[4] Das Bezugnehmen auf die Untersuchungen und theoretische Arbeiten zum Biokapitalismus, wie sie in den letzten Jahren zahlreich vorgelegt wurden, hat für unsere Analyse der Finanzkrise indes in erster Linie methodologischen Charakter: Mehr als um eine genaue und erschöpfende Darstellung der wesentlichen Merkmale des neuen Modells – für die wir auf die bereits genannten Arbeiten sowie auf eine wachsende Zahl anderer verweisen können –, geht es an dieser Stelle darum, den Nexus zwischen Finanzialisierung und veränderten Produktionsprozessen hervorzuheben, auf dem die Entwicklung wie die Krise des neuen Kapitalismus beruhen.[5]

Empirische Belege für die Externalisierung der Wertproduktion, für ihre Ausdehnung und Erweiterung in die Sphäre der Zirkulation liegen zahlreich vor. Seit der ersten Phase des Outsourcing von Unternehmensteilbereichen, der verstärkten Weitergabe von Aufträgen an Zulieferer und der Beschäftigung externer Berater in den 1980er Jahren, begleitet von der Ausbreitung atypischer Beschäftigungsverhältnisse und vom Auftauchen der »zweiten Generation selbstständiger Arbeit« – also Freelancer, Selbstständige, die ehemals abhängig beschäftigt waren, sogenannte Selbstunternehmer etc. – schreitet die kapitalistische Kolonisierung der Zirkulationssphäre rastlos voran, bis dahin, dass sie Konsumenten regelrecht in Produzenten verwandelt, die den Wert (im ökonomischen Sinn) hervorbringen. Die *Koproduktion*, in der die Einzelnen das, was sie konsumieren, mit-

---

[4] Vanni Codeluppi, *Il biocapitalismo. Verso lo sfruttamento integrale di corpi, cervelli ed emozioni*, Turin 2008.
[5] Eine erste Studie in dieser Richtung ist die Arbeit von Andrea Fumagalli, *Bioeconomia e capitalismo cognitivo*, Rom 2007.

produzieren, steht, so die Arbeitssoziologin Marie-Anne Dujarier, »heute im Zentrum der Strategien, die private wie öffentliche Unternehmen verfolgen. Konsumenten werden in verschiedenen Phasen der Wertschöpfung eingespannt. So tragen sie dazu bei, Märkte zu schaffen, sie erbringen Leistungen, gehen mit Mängeln oder Schäden um, sortieren den Müll, optimieren die Aufwendungen der Händler und übernehmen sogar administrative Aufgaben. Die Koproduktion betrifft insbesondere den Dienstleistungssektor: Einzelhandel, Banken, Transport und Logistik, Freizeitbranche, Gastronomie, Medien, Bildungs- und Gesundheitseinrichtungen ...«[6]

Selbst auf die Gefahr hin abzuschweifen, scheint es mir dienlich, paradigmatisch gewordene Beispiele in Erinnerung zu rufen. Zu denken wäre etwa an Ikea, ein Unternehmen, das den Kunden, die etwa ein Billy-Regal kaufen, zunächst eine ganze Reihe von Aufgaben überträgt – vom Ermitteln der Artikelnummer des gewünschten Produkts über das Auffinden im richtigen Lagerregal bis hin zum Einladen ins Auto und zum Transport –, um im Anschluss auch die Montage auszulagern. Externalisiert werden, mit anderen Worten, bestehende fixe und variable Kosten, die die Konsumenten tragen; ihnen winkt ein minimaler Preisvorteil, während das Unternehmen auf der Kostenseite erheblich sparen kann. Weitere Beispiele ließen sich anführen, angefangen von Microsoft oder Google, die regelmäßig die Konsumenten dazu bringen, neue Programmversionen zu testen; aber auch die Programme der sogenannten Open Source-Software sind Ergebnisse der Verbesserungsarbeit einer Vielzahl von Personen, einer Multitude »produktiver Konsumenten«.

Eine besondere Strategie entstand im Bereich der Informations- und Kommunikationstechnologien (IKT) nach der Krise von 2001. Tiziana Terranova beschreibt diese Neuausrichtung der New Eco-

---

6 Marie-Anne Dujarier, *Le travail du consommateur. De McDo à eBay: comment nous coproduisons ce que nous achetons*, Paris 2008, S. 8.

nomy als geprägt durch »›Soziale Netzwerke‹ oder ›Web 2.0‹. Web-2.0-Unternehmen haben, wie Tim O'Reilly feststellt, alle etwas gemeinsam: Ihr Erfolg beruht auf ihrer Fähigkeit, Massen von Anwendern anzuziehen, die ausgehend von Plattformen und/oder virtuellen Environments, wie sie Sites wie Friendster, Facebook, Flickr, MySpace, SecondLife oder Blogger zur Verfügung stellen, ein ganzes Universum sozialer Beziehungen aufbauen. Dennoch beschränkt sich das Web 2.0, wie O'Reilly unterstreicht, nicht auf solche neuen Plattformen, sondern es finden sich zugleich Anwendungen wie Google, denen es gelingt, sich das ›Surfen‹ der Anwender zunutze zu machen und es zu verwerten, oder aber auch andere, die aus häufig anzutreffenden User-Aktivitäten Mehrwert ziehen, etwa aus dem Verlinken einer Seite, aus dem Markieren von Blog-Beiträgen, aus Veränderungen an Software oder vielem anderen. [...] Das Web 2.0 ist aus Investorensicht ein Erfolgsmodell, wenn Unternehmen imstande sind, die gesellschaftliche und technologische Arbeit von Anwender einzufangen, sich anzueignen und zu verwerten. Die *new frontier*, die sich dem kapitalistischen Verwertungsprozess mit den Innovationen dieser Art der New Economy eröffnet, ist die Marginalisierung der Lohnarbeit und die Verwertung einer besonderen Form ›freier Arbeit‹, nämlich einer weder bezahlten noch vorgegebenen, aber dennoch kontrollierten Arbeit der Anwender.«[7]

Eine erste wichtige Konsequenz des veränderten kapitalistischen Wertschöpfungsprozesses besteht darin, dass die Masse des Mehrwerts, der in den neuen Ausbeutungsverhältnissen produziert wird,

---

[7] Tiziana Terranova, »New Economy, Finanzialisierung und gesellschaftliche Produktion im Web 2.0«, in: Sandro Mezzadra u. Andrea Fumagalli (Hg.), *Die Krise denken: Finanzmärkte, soziale Kämpfe und neue politische Szenarien*, übers. v. e. Kollektiv, Münster 2010, S. 131f. Die erwähnte Arbeit von Tim O'Reilly trägt den Titel »What Is Web 2.0. Design Patterns and Business Models for the Next Generation of Software«, 30. September 2005 [online: oreilly.de].

ganz enorm ist. Dazu tragen unterschiedliche Mechanismen bei: ein steigender Druck auf den Lohn, sowohl auf den direkten als auch auf den indirekten (etwa Altersrenten, die soziale Abfederung oder Erträge aus individuellen wie kollektiven Rücklagen), die Verringerung der gesellschaftlich notwendigen Arbeit, flexible und netzwerkartig organisierte Unternehmensformen, die Prekarisierung der Arbeit und die Ausbreitung nicht kontinuierlicher Beschäftigungsverhältnisse, schließlich das Entstehen eines immer größer werdenden Reservoirs unbezahlter Arbeit und kostenloser Arbeitskräfte, also etwa der »freien« Arbeit in der Konsumtions-, Zirkulations- und Reproduktionssphäre, und nicht zuletzt die Intensivierung im Bereich kognitiver Arbeit. Die enorme Masse des Mehrwerts beziehungsweise unbezahlter Arbeit wiederum bildet den Ausgangspunkt für steigende Profite, die nicht in der Produktionssphäre reinvestiert werden, für Profite mithin, die keine Arbeitsplätze und noch viel weniger höhere Löhne zur Folge haben.

Wir befinden uns an diesem Punkt in teilweiser Übereinstimmung mit einer These des Soziologen Alain Bihr (formuliert in einer unter Marxisten geführten Debatte über die Ursachen der Krise, unter anderem in der Zeitschrift *La Brèche*), wonach ein »Überschuss an Mehrwert« existiere; nun ist allerdings ein solcher Überschuss, im Gegensatz zu dem, was Bihr und der bereits zitierte Husson glauben, keineswegs die Folge einer Unterakkumulation, also ausbleibender Reinvestition von Profiten in konstantes und variables Kapital. Ganz im Gegenteil: Der Überschuss an Mehrwert ist *Ergebnis eines neuen Akkumulationsprozesses des Kapitals*, der sich, ausgehend von der Krise des Fordismus, in der Zirkulations- und Reproduktionssphäre etabliert hat. Gegen Bihrs These erhebt auch etwa François Chesnais Einwände, der argumentiert, der Überschuss an Mehrwert lasse sich nicht allein an der Suche nach neuen Absatzmärkten ablesen, zumal eine nicht unerhebliche Zahl nordamerikanischer und europäischer multinationaler Unternehmen ihre Direktinvestitionen im

Ausland (vor allem auch in China, in Brasilien und, wenn auch von einigen Schwierigkeiten begleitet, in Indien) erhöht hätten. Freilich muss ein solches Argument erweitert werden: Direktinvestitionen, die zweifellos den Profithunger des Kapitals widerspiegeln, finden nicht nur im Ausland statt, das heißt außerhalb der wirtschaftlich führenden Länder, sondern zugleich in deren Innerem, eben in der Zirkulations- und Reproduktionssphäre.[8]

Es sind letztlich Grundzüge des Postfordismus, von denen ausgehend sich der Zusammenhang zwischen Akkumulation, Profit und Finanzialisierung interpretieren lässt. Der Anstieg der Profite, aus dem sich die Finanzialisierung speist, ist möglich, weil sich unter den Bedingungen des Biokapitalismus die Bedeutung des Begriffs Kapitalakkumulation selbst notwendigerweise verändert. Akkumulation ist nicht länger – wie noch zu Zeiten des Fordismus – identisch mit Investitionen in konstantes und variables Kapital (Lohn), sondern gründet im Gegensatz dazu auf Investitionen in außerhalb des unmittelbaren Produktionsprozesses situierte Dispositive und Relationen, in denen Wert produziert wird (der wiederum Gegenstand von Aneignungsprozessen ist).

Tiziana Terranova schreibt mit Blick auf die neuen Unternehmensstrategien: »Es geht dabei darum, die ›freie Arbeit‹ nicht nur auszumachen und anzuziehen, sondern gewissermaßen in der Lage zu sein, aus diffusen Wünschen nach sozialen Begegnungen, nach Ausdrucksformen und Beziehungen einen in verschiedensten Formen möglichen Mehrwert zu kapitalisieren. In diesem Modell erzielt ein Unternehmen Profit, indem es ›kollateralen‹ Mehrwert auszumachen und zu vereinnahmen vermag: durch den Verkauf von

---

8 Vgl. Michel Husson, »Les enjeux de la crise«, *La Brèche* 4 (November 2008); Alain Bihr, »Le triomphe catastrophique du néolibéralisme«, *Contre-Courant* 199 (2008); François Chesnais, »La récession mondiale: moment, interprétations et enjeux de la crise«, *Carré rouge* 39 (Dezember 2008).

Werbung, durch die Aneignung und den Verkauf von Daten, die auf User-Aktivitäten zurückgehen, oder auch durch die Fähigkeit, Finanzinvestitionen anzuziehen, eine Fähigkeit, die auf Sichtbarkeit und Prestige beruht, wie sie etwa die neuen *global player* wie Google oder Facebook verleihen. In zahlreichen Fällen lässt sich Mehrwert durch Einsparungen bei den Arbeitskosten steigern, indem bestimmte Arbeitsabläufe ›externalisiert‹, das heißt auf die Anwender abgewälzt werden, so etwa bei Spielen die Evaluierung und die Beta-Tests oder in vielen Fällen die technische Unterstützung.«[9]

Solcherart *crowdsourcing* basiert auf dem, was Alexander Galloway die »Protokollarchitektur der Kontrolle« nennt.[10] Diese Dispositive stehen für die neue organische Zusammensetzung des Kapitals, das heißt für die Beziehung zwischen einem verteilten, in der Gesellschaft zerstreuten konstanten Kapital (als einer Gesamtheit »linguistischer Maschinen«) und einem variablen Kapital, das deterritorialisiert und entdefiniert ist, in der Konsumtions- und Reproduktionssphäre situiert, in den Lebensformen, im individuellen und kollektiven Imaginären (als gegliedertes Ganzes aus Gesellschaftlichkeit und Begehren, der Fähigkeit, Beziehungen herzustellen, und … »freier Arbeit«). Das neue konstante Kapital gründet – auch dies im Unterschied zum für den Fordismus typischen (»materiellen«) Maschinensystem – zum einen massiv auf den IKT, darüber hinaus aber auf einem Ensemble immaterieller, organisierender Strukturen und Dispositive, die Mehrwert extrahieren, indem sie tendenziell jede Lebensäußerung der Bevölkerung (als lebendiger Arbeit) durchdringen, mit dem Ergebnis, dass der Arbeitstag, die

---

9 Terranova, »New Economy«, a.a.O., S. 132.
10 Vgl. Alexander R. Galloway, *Protocol: How Control Exists after Decentralization*, Cambridge, Mass. 2004; vgl. auch ders., »Panoptikum der Kontrollgesellschaft. Wie funktioniert Herrschaft im Zeitalter der neuen Technologien?«, übers. v. Julian Weber, *Subtropen* 20 (Dezember 2002), S. 4–5.

Zeit der Verausgabung solch lebendiger Arbeit, sich verlängert und intensiviert.¹¹

Das »Modell Google« ist, wie 30 Jahre zuvor unter anderen Bedingungen das »Modell Toyota«, als eine spezifische Art und Weise zu verstehen, Güter und Dienstleistungen in der Epoche des Biokapitalismus zu produzieren. Es ist ein Organisationsmodell für Unternehmen, das dabei ist, nachdem es zunächst, in der zweiten Hälfte der 1990er Jahre, als Internetservice und in den Dynamiken der New Economy eine bestimmte Ausformung erfahren hat, sich in allen Wirtschaftsbereichen durchzusetzen, gleichgültig ob diese nun immaterielle Dienstleistungen oder materielle Güter produzieren. Es ist, mit anderen Worten, nicht das Produkt, das die Art und Weise (oder das Paradigma) determiniert, den Produktionsprozess zu organisieren, sondern es sind vielmehr die Beziehungen zwischen Produktions- und Zirkulationssphäre, zwischen Produktion und Konsum, die die Produktionsbedingungen der Güter oder Dienstleistungen prägen. Das »Modell Google« wird heute als strategische Orientierung für die betriebliche Restrukturierung vorgeschlagen, um die US-Automobilindustrie zu retten, die Branche also, die ausgehend von der »Revolution« Henry Fords aus der Geschichte des 20. Jahrhunderts nicht wegzudenken ist und die heute in jeder Hinsicht in einer abgrundtiefen Krise steckt.¹²

Aufschlussreich sind in diesem Zusammenhang die Ausführungen Jeff Jarvis' in seinem Buch *Was würde Google tun?*, in dem er zeigt, wie eine mögliche Überwindung der Krise von der Fähigkeit

---

11 Vgl. Stephen Baker, »The Next Net. Companies May Soon Know Where Customers Are Likely to Be Every Minute of the Day«, *BusinessWeek*, 9. März 2009.
12 Vgl. Laurent Carroué, »Giganten auf tönernen Rädern. Wie die US-Automobilkrise chronisch wurde«, übers. v. Uta Rüenauver, Le Monde diplomatique 8810, 13. Februar 2009.

der Automobilindustrie abhängt, direkte, transparente, auf Partizipation gründende, kreative, emotionale und expressive Beziehungen zu den »Anwendern« herzustellen, das heißt zu den Autokunden. Die Schaffung von Netzwerken oder, um es in der Sprache des Internets auszudrücken, *communities* aus Konsumenten, die als Koproduzenten für Innovation, Diversifikation und die Identifikation mit der Marke bürgen, und zwar auf Grundlage von Open Source-Prinzipien, zeigt, wie das »Modell Google« im Begriff ist, sich jenseits des virtuellen Universums durchzusetzen, nämlich sogar in der hypermateriellen Welt des Automobils.[13] Vor 30 Jahren hat diese Revolution der Unternehmensorganisation ihren Anfang genommen, mitten in der Krise des fordistischen Modells, als zur Überwindung der Krise die Produktionsweise immer weiter in die Zirkulations- und Reproduktionssphäre vorgedrungen ist: in die Sphäre des *bios*, des Lebens.

Zahlreiche Untersuchungen zum kognitiven Kapitalismus belegen die Zentralität der kognitiven und immateriellen Arbeit: Die »Kooperation zwischen den Gehirnen« jenseits der Trennung von Unternehmen und Territorium, Öffentlichkeit und Privatsphäre, Individuum und Organisation wird für die Produktion des Mehrwerts entscheidend; zugleich schwindet die strategische Bedeutung des fixen Kapitals (also der materiellen Produktionsmittel) und eine ganze Reihe produktiv-instrumenteller Funktionen des fixen Kapitals wird dem lebendigen Körper der Arbeitskraft übertragen.[14]

---

13 Vgl. Jeff Jarvis, *Was würde Google tun? Wie man von den Erfolgsstrategien des Internet-Giganten profitiert*, übers. v. Heike Holtsch, München 2009.
14 Vgl. Christian Marazzi, »Capitalismo digitale e modello antropogenetico del lavoro. L'ammortamento del corpo macchina«, in: Jean-Louis Laville u. a. (Hg.): *Reinventare il lavoro*, Rom 2005, S. 107–126.

Der bereits zitierte Vanni Codeluppi schreibt in diesem Zusammenhang: »Die Wissensökonomie zeigt in ihrem Inneren ein merkwürdiges Paradox. Bei neuen Produkten birgt der Prototyp für ein Unternehmen enorme Kosten, weil zu seiner Produktion und Markteinführung beachtliche Investitionen, etwa in der Forschung, notwendig sind. Die nachfolgend produzierten Exemplare hingegen kosten sehr wenig, denn das Original muss schließlich lediglich identisch kopiert werden, was dank Outsourcing, verfügbarer Technologie und Digitalisierung mit wenig ökonomischem Aufwand verbunden ist. Die Folge ist, dass die Unternehmen ihre Energie und ihre Ressourcen in erster Linie auf die Produktion von Ideen konzentrieren, sehen sie sich doch mit tendenziell kontinuierlich steigenden Kosten konfrontiert.«[15]

Eines der Hauptmerkmale des kognitiven Kapitalismus ist tatsächlich das Gefälle zwischen den sehr hohen ursprünglichen Kosten eines Produkts, die vor allem den Investitionen in den Bereichen Forschung und Entwicklung sowie Marketing geschuldet sind und darüber hinaus für die notwendigen kontinuierlichen Neu- und Weiterentwicklungen anfallen, und den marginalen, gegen null tendierenden Stückkosten, ist das Produkt erst einmal eingeführt.[16]

Diese Eigentümlichkeit des Wissenskapitalismus verweist auf die Theorie steigender (Skalen-)Erträge, die unter anderem besagt, dass steigende Profite nicht zuletzt auf drastisch reduzierte Reproduktionskosten in der Herstellung von (immateriellen) Gütern zurück-

---

15 Codeluppi, *Il biocapitalismo*, a.a.O., S. 24.
16 Vgl. in diesem Zusammenhang die grundlegende Studie von Enzo Rullani, *Economia della conoscenza. Creatività e valore nel capitalismo delle reti*, Rom 2004, sowie den von Yann Moulier Boutang herausgegebenen Sammelband *L'età del capitalismo cognitivo. Innovazione, proprietà e cooperazione delle moltitudini*, Verona 2002.

gehen.[17] Der Frage steigender Erträge nun, die sich insbesondere auf ökonomische Strukturen bezieht, die das Wissen zu einem *endogenen* Produktionsfaktor gemacht haben (das heißt zu einem integralen Bestandteil der normalen Unternehmensaktivität), der in höchstem Maße produktiv und wettbewerbsfähig ist, widmet sich David Warsh in seiner beeindruckender Studie *Knowledge and the Wealth of Nations*.[18]

Für unsere Fragestellung mag es an dieser Stelle genügen, Walshs Rekurs auf ein Beispiel zu folgen, das Ökonomen seit Adam Smith schon oft herangezogen haben, um eine aus der Arbeitsteilung und der Spezialisierung der einzelnen Arbeiten resultierende steigende Produktivität zu erklären: die »Herstellung von Stecknadeln«. Walsh schreibt: »Nehmen wir an, dem Stecknadelhersteller gelingt es, sehr früh einen Markt zu gewinnen, zu expandieren und sich ganz auf die Herstellung von Stecknadeln zu spezialisieren, indem er in neue Anlagen sowie in Forschung und Entwicklung investiert. Er entwickelt besseren Stahl, eine attraktivere Verpackung und effizientere Vertriebswege. Je größer sein Markt, desto mehr wird er es sich leisten können, sich immer weiter zu spezialisieren. Er ersetzt Arbeiter durch Maschinen. Mit fortschreitender Spezialisierung steigt auch die Effizienz seiner Produktion, und umgekehrt sinkt der Preis, zu dem er es sich leisten kann, seine Stecknadeln zu verkaufen. Je niedriger aber der Preis, desto mehr Stecknadeln wird er verkaufen und desto höher fällt entsprechend der Profit aus: ein größerer Ertrag für den gleichen Aufwand, das heißt steigende Skalenerträge.«[19]

---

17 Vgl. etwa W. Brian Arthur, »Increasing Returns and the New World of Business«, *Harvard Business Review*, Juli/August 1996, S. 100–109.
18 David Warsh, *Knowledge and the Wealth of Nations. A Story of Economic Discovery*, New York 2006.
19 Ebd., S. 46.

Unter einem solchen Blickwinkel betrachtet zeigt Adam Smiths Stecknadelfabrik (die in dieser Beschreibung sehr an die multinationalen Unternehmen der Gegenwart erinnert) die Tendenz von Unternehmen, die über das notwendige, in Maschinen und in der Arbeitskraft akkumulierte Know-how verfügen, ein Monopol auszubilden. In einer solchen Situation nimmt, wer zuerst kommt, alles; er wird den Markt mit Stecknadeln beliefern, »auch wenn es vielleicht nicht genug sein werden, um die Nachfrage zu befriedigen«. Dieser Befund steht in einem deutlichen Widerspruch zu einer anderen, bis heute von Ökonomen mehrheitlich geteilten Auffassung Adam Smiths, der zufolge eine »unsichtbare Hand«, also die freie *Konkurrenz*, den Markt lenken würde, sodass »kein Hersteller in der Lage ist, die Oberhand zu gewinnen. Sobald einer seine Preise erhöht, unterbietet ihn ein anderer und der Preis kehrt zu seinem ›natürlichen‹ Niveau zurück. Es gibt genau so viele Stecknadeln wie potenzielle Käufer.«[20] Beide Theoreme schließen einander aus: »Die Stecknadelfabrik handelt von sinkenden Kosten und *steigenden* Erträgen. Die unsichtbare Hand handelt von steigenden Kosten und sinkenden Erträgen.«[21]

Den steigenden Erträgen stehen freilich trotz allem tendenziell kontinuierlich steigende Produktionskosten gegenüber, für die eine Reihe anderer Faktoren verantwortlich ist: immer schneller sich verändernde Märkte, das rasche Veralten der Technologie, steigende Erwartungen der Konsumenten, die Notwendigkeit, immer neue Stimuli zu produzieren, um weitere Kunden zu gewinnen, der wachsende Wettbewerb konkurrierender Unternehmen, der mögliche Gegensatz zwischen Formen und Inhalten, wie Unternehmen sie

---

20 Ebd., S. 47.
21 Ebd., S. 46.

lancieren, und gesellschaftlichen Diskursen, nicht zuletzt die zunehmende Komplexität des gesellschaftlichen Ganzen.[22]

Um den steigenden Kosten entgegenzutreten, setzen Unternehmen sowohl auf die Auslagerung ganzer Produktionszweige in Länder mit niedrigeren Lohnkosten als auch auf Strategien der Verknappung (durch Musterrecht, Patente und Copyright), um mithilfe von Monopolpreisen die hohen ursprünglichen Kosten zu amortisieren, und nicht zuletzt auch darauf, auf Direktinvestitionen in Produktionsmittel zu verzichten. Die Unternehmen, stellt der Ökonom Jeremy Rifkin fest, seien »nicht länger bereit, kostspielige Ausrüstungen zu kaufen, sie leihen das Sachkapital, das sie benötigen, und verbuchen die Leasingraten als kurzfristige Ausgabe, also als Betriebskosten«.[23]

Der Umfang lebendiger Arbeit wächst daher; dies verweist nun nicht nur darauf, dass entscheidende Produktionsmittel (Kenntnisse, Wissen, Kooperation) dem lebendigen Körper der Arbeitskraft übertragen sind, sondern erlaubt zugleich, den tendenziellen Wertverlust der »klassischen« Produktionsmittel zu erklären. Es ist so gesehen kein Rätsel, warum die Aktivitäten auf den Wertpapiermärkten in all diesen Jahren nicht darauf zielten, durch Investitionen unmittelbar das Beschäftigungs- oder Lohnvolumen zu erhöhen, sondern lediglich einen steigenden Aktienkurs im Blick hatten. Die Selbstfinanzierung der Investitionen wiederum zeigt den Zusammenhang von Akkumulation und Finanzialisierung, und Letztere wird dabei als Dispositiv der Produktion und Expropriation von Wert außerhalb des Unternehmens, in allen Bereichen der Gesellschaft erkennbar.

Das Ansteigen der Profite in den vergangenen 30 Jahren ist also der Produktion von Mehrwert geschuldet, die mit einer Akkumu-

---

22 Vgl. Codeluppi, *Il biocapitalismo*, a.a.O., S. 24–25.
23 Jeremy Rifkin, *Access. Das Verschwinden des Eigentums*, übers. v. Klaus Binder u. Tatjana Eggeling, Frankfurt a. M./New York 2000, S. 59.

lation *einhergeht*, einer Akkumulation völlig neuen Typs allerdings, steht sie doch außerhalb der »klassischen« Produktionsprozesse. Auch unter diesem Blickwinkel scheint es gerechtfertigt, von einem »Rente-Werden« des Profits (und zu einem gewissen Teil auch des Lohns) zu sprechen, insofern dem die Aneignung eines Werts zugrunde liegt, der außerhalb der Produktionssphäre im traditionellen, unmittelbaren Sinn hervorgebracht wird. Die heutige Produktionsweise ähnelt damit auf merkwürdige Art dem Wirtschaftskreislauf des 18. Jahrhunderts, in dessen Zentrum die Landwirtschaft steht und den die Physiokraten theoretisch beschreiben. Im *Tableau économique* des François Quesnay, des Begründers der physiokratischen Schule, repräsentiert die Rente den vom Grundbesitzer angeeigneten Teil des sogenannten Nettoprodukts (*produit net*), den die – entlohnte – Landarbeit hervorbringt (zu der Quesnay zufolge übrigens auch die Arbeit des kapitalistischen Pächters gehört, dessen Einkommen die Physiokraten der gleichen Rubrik wie den Lohn der Arbeiter zuschlagen, statt ein solches Einkommen als Profit einzuordnen, wie Smith und Ricardo das später begründen sollten). Die materiellen Produktionsmittel finden im *Tableau* indes keinerlei Beachtung. Quesnay definiert die Produzenten des Produktionsgütersektors (mit anderen Worten: des konstanten Kapitals) als der unproduktiven Klasse (*classe stérile*) zugehörig, da sie nicht zum Nettoprodukt beitragen.[24] Die Produktion der Produktionsmittel, so die Begründung, füge dem Rohstoff nichts hinzu, sondern *verändere* ihn lediglich.

Das konstante Kapital beziehungsweise die Produktionsgüter derart als Produktionsfaktoren des Nettoprodukts auszuschließen, lässt sich gewiss als ein Irrtum bezeichnen, wie es die klassische politi-

---

24 Vgl. François Quesnay, *Das Ökonomische Tableau*, in: Ders., *Ökonomische Schriften*, hg. u. übers. v. Marguerite Kuczynski, Berlin 1971, Bd. 1.1, S. 337–448.

sche Ökonomie in der ersten Welle der industriellen Revolution tat. Der Irrtum der Physiokraten besteht vor allem darin, lediglich die landwirtschaftliche Arbeit als produktiv anzusehen, als die einzige Arbeit, die Dinge mit Dingen hervorbringt und als solche quantitativ *messbar* erscheint. Doch zugleich handelt es sich um einen *produktiven, Erkenntnis fördernden* Irrtum, insofern er die spätere Entdeckung des ökonomischen Werts, wie er dem konstanten Kapital zukommt, und des qualitativen Unterschieds zwischen konstantem und variablem Kapital bedingt. Die Entdeckung der Arbeit *sans phrase*, der abstrakten Arbeit, unabhängig von den konkreten Bedingungen ihrer Verausgabung, bildet die Grundlage jenes epistemologischen Bruchs, der auf radikale Weise die Modernität des Kapitalismus markiert: also die *qualitative* und *subjektive Trennung* von Kapital und Arbeit, das widersprüchliche Verhältnis und die wechselseitige (potenzielle) *Autonomie* beider »Produktionsfaktoren« sowie die Dynamik von *Entwicklung* und *Krise* als Antriebsmechanismus des entstehenden Kapitalismus. Vom Moment seines Entstehens an ist die Entwicklung des Kapitalismus vom Bemühen geprägt, sich die subjektiven Beziehungen und Artikulationsweisen der lebendigen Arbeit, ihre Kämpfe, ihre Hoffnungen und ihre völlig neuen Formen der Kooperation *anzuverwandeln*.

Nun ließe sich argumentieren, die Formen des Lebens, die den gesellschaftlichen Körper heute ausmachen, seien die Entsprechung zum Boden in der Rententheorie Ricardos. Was allerdings die Entwicklung der Rente selbst – im Unterschied zur absoluten wie zur Differentialrente bei Ricardo – anbelangt, so geschieht es *kraft* der Finanzialisierung, dass jene sich heute tatsächlich dem Profit assimiliert, der Profit »Rente wird«. Die Finanzialisierung mit den ihr eigentümlichen Logiken, insbesondere der Produktion von Geld mittels Geld und deren Autonomisierung gegenüber unmittelbaren Produktionsprozessen, stellt die Kehrseite der für den Biokapitalismus charakteristischen Externalisierung der Wertproduktion dar.

Die Finanzialisierung trägt zum einen dazu bei, jene effektive Nachfrage zu schaffen, die notwendig ist, um den produzierten Mehrwert zu realisieren, das heißt sie schafft jene massenhafte Verrentung und jenen auf Verschuldung gestützten Konsum, ohne die das Wachstum des BIP nur bescheiden ausfiele oder stagnieren würde. Zudem determiniert die Finanzialisierung ganz grundlegend die pausenlosen Innovationen, die kontinuierlichen produktiven Sprünge des Biokapitalismus, und sie tut das, indem sie den Unternehmen ausnahmslos, ob diese börsennotiert sind oder nicht, wie auch im Übrigen der gesamten Gesellschaft eine hyperproduktivistische Logik aufzwingt, in deren Zentrum das Primat des Aktienkurses steht. Solche produktiven Sprünge vollziehen sich durch Prozesse der »kreativen Zerstörung« des Kapitals, durch die daran anknüpfende kontinuierliche Ausweitung der Verwertung immer größerer Teile der Gesellschaft, durch den Einsatz immer weiter ausgeklügelter Strategien des *crowdsourcing*, durch immer häufiger auftretende und tiefere Krisen, die den gerade noch instrumentell forcierten Zugang zum gesellschaftlichen Reichtum ein ums andere Mal zunichte machen.

Seit der Krise des Fordismus in den 1970er Jahren lassen sich die Spekulationsblasen als Krisenmomente innerhalb eines langwährenden Prozesses der »kapitalistischen Kolonisierung« der Zirkulationssphäre begreifen. Dieser Prozess ist *global*: Globalisierung heißt aus dieser Perspektive betrachtet ein Prozess der Subsumtion immer größerer Anteile lokaler und globaler sozio-ökonomischer Peripherien unter die biokapitalistische (Finanz-)Logik. Der Übergang vom Imperialismus zum Empire, von einer Abhängigkeitsbeziehung, die durch das Verhältnis von Entwicklung und Unterentwicklung determiniert ist, in der die ökonomischen Gesellschaftsformationen des globalen Südens im Wesentlichen als *externe* Absatzmärkte fungieren, die zudem noch billige Rohstoffe bieten, zur imperialen Globalisierung, in der die Dichotomie von Innen und Außen schwindet, dieser Übergang selbst ist der kapitalistischen Logik einer Externalisierung der Produktionsprozesse eingeschrieben. *Die Finanzialisierung ist der notwendige und zugleich perverse Modus der Kapitalakkumulation in diesem neuen Kapitalismus.*

Eine Krise globaler Governance

Seit dem Beginn der Finanzkrise im August 2007, als der Subprime-Markt infolge geplatzter Hypothekendarlehen zusammenbrach, deutet immer stärker alles darauf hin, dass diese Krise lange anhalten wird. Ihre Begleiterscheinungen sind eine grassierende Kreditklemme (der sogenannte *credit crunch*), Bankenpleiten und ständige Interventionen der währungspolitischen Institutionen, denen es nicht gelingt, den Verlauf der Krise strukturell zu beeinflussen; immer kostspieligere Programme zur Konjunkturbelebung, während einzelne Länder Gefahr laufen, insolvent zu werden; ein anhaltender deflationärer Druck sowie umgekehrt die Möglichkeit galoppierender Inflation; schließlich steigende Erwerbslosigkeit und sinkende Einkommen. Tatsächlich ist die aktuelle Krise *historisch* in dem Sinn, dass sie in sich alle Widersprüche birgt, die sich im Laufe der stufenweisen Finanzialisierung aller sozialen und ökonomischen Bereiche seit der Krise der fordistischen Akkumulationsweise angesammelt haben.[1]

In der aktuellen Krise findet sich allerdings auch ein Moment wieder, das sie entscheidend bestimmt und beschleunigt, nämlich die Auswirkungen der sogenannten Asienkrise der Jahre 1997 bis 1999. Und auch der Asienkrise gingen Vorboten voraus, etwa die Krisen in Mexiko, in Argentinien, in Russland oder in Brasilien, der Zusammenbruch des Hedgefonds LTCM oder das japanische »verlorene Jahrzehnt«, alles Krisen, die Paul Krugman in der ersten Auflage seiner Studie *The Return of Depression Economics* (1999)

---

1 Eine Analyse der ebenfalls in den 1970er Jahren bereits einsetzenden Deregulation des Bankensystems bietet Barry Eichengreen, »Anatomy of the Financial Crisis«, *Vox*, 23. September 2008 [online: voxeu.org].

untersucht hat.² Die Asienkrise markiert indes einen Regimewechsel in der internationalen Finanzordnung. Er vollzieht sich in dem Augenblick, da die südost- und ostasiatischen Länder nach einem Ausweg aus ihrer Überschuldungskrise suchen, die nicht zuletzt auf in US-Dollar abgerechnete Kredite bei Banken auf den internationalen Finanzmärkten zurückzuführen ist, während die Kreditvergabe an inländische Kreditnehmer in inländischer Währung erfolgte, wodurch wiederum die Immobilienspekulation und die Überinvestition in Industrieaktien beflügelt wurden. Um sich nun gegen die Gefahr weiterer schwerer Krisen zu wappnen, die aufgrund der Instabilität des internationalen Währungs- und Finanzsystems drohen, beschließen die asiatischen Länder, Währungsreserven in ausländischen Devisen anzulegen. Es handelt sich um einen radikalen ökonomischen Kurswechsel: Von einem Modell, in dem das Wirtschaftswachstum durch die Inlandsnachfrage angekurbelt wird, gehen die asiatischen Länder zu einem über, in dem das Wachstum auf Exporten beruht. Aus Schuldnern mit Verbindlichkeiten in US-Dollar werden Gläubiger, und zwar insbesondere der USA.³

Um Fremdwährungsreserven zu bilden, bedienen sich die Staaten Ostasiens im internationalen Devisenhandel gewisser »räuberischer« Strategien, indem sie etwa ihre Währungen stark abwerten, eine Politik sogenannter kompetitiver Deflation verfolgen oder den Inlandskonsum einschränken. Dazu kommt die Öffnung der internationalen Märkte für Länder wie China und Indien. Im Endergebnis zeigt die Asienkrise tatsächlich deflationäre Auswirkungen: ganz

---

2 Paul Krugman, *Die große Rezession: Was zu tun ist, damit die Weltwirtschaft nicht kippt*, übers. v. Herbert Allgeier, Frankfurt a. M./New York 1999. Eine um Kapitel zur Subprime-Krise und zur allgemeinen Bankenkrise erweiterte Neuauflage erschien zehn Jahre später unter dem Titel *Die neue Weltwirtschaftskrise*, übers. v. Herbert Allgeier u. Friedrich Griese, Frankfurt a. M./New York 2009.
3 Vgl. Aglietta, *La crise*, a.a.O., S. 33–37.

sicher im Hinblick auf die Lohneinkommen, verstärkt durch den Umstand, dass sich das weltweit zur Verfügung stehende Arbeitskraftvolumen mit einem Schlag verdoppelt; die Deflation betrifft aber auch industrielle Konsumgüter, die in China – und in geringerem Maße, doch qualitativ bedeutsam, in Indien – produziert und von dort exportiert werden. Die Lohndeflation wird zudem, wie der Wirtschaftswissenschaftler Jacques Sapir anmerkt, »deutlich verstärkt durch das Eindringen und die Ausbreitung von Finanzlogiken in Unternehmen des ›realwirtschaftlichen‹ Sektors, was durch Maßnahmen wie beispielsweise fremdkapitalfinanzierte Übernahmen (*leveraged buy-out* oder LBO) forciert wird«, bei denen das übernommene Unternehmen das Finanzierungsrisiko trägt.[4]

Mit der Krise der New Economy zeigt sich die Gefahr der Deflation noch deutlicher. Tatsächlich zwingt ab 2002 die Verschuldung von Unternehmen, die ihre Schulden in der expansiven Phase der Dotcom-Blase (also in den Jahren 1998 bis 2000) angehäuft haben, die US-Notenbank FED, damals unter dem Vorsitz von Alan Greenspan, eine expansive Geldpolitik zu verfolgen. Um einen deflationären Teufelskreis zu vermeiden, wie ihn Japan in den 1990er Jahren erlebte, fällt zugleich die finanzpolitische Entscheidung, die Zinssätze für einen sehr langen Zeitraum niedrig zu halten (bei rund einem Prozent), nicht zuletzt weil es der expansiven Geldpolitik angesichts der Unternehmenskonkurse nach 2002 nicht gelingt, das Vertrauen an den Börsen wieder herzustellen. (Es mag genügen, an die Pleite von Enron zu erinnern.) Die negativen Realzinsen jedenfalls begünstigen die private Verschuldung, während sie zugleich die Banken dazu verleiten, das ganze Arsenal von Finanzinstrumenten und Verbriefungen zu entwickeln, denen heute vorgeworfen werden kann, das Kreditvolumen aufgebläht zu haben – die berühmten

---

4 Sapir, »L'économie politique internationale de la crise et la question du ›nouveau Bretton Woods‹«, a.a.O., S. 5.

sogenannten *toxic assets*, »toxische« Anlagepapiere aus risikobehafteten Krediten.

Die Subprime-Immobilienblase nimmt in dieser Situation ihren Anfang. Dank der negativen Realzinsentwicklung gelingt es den Unternehmen, zumindest teilweise, ihre Verschuldung abzubauen, die US-amerikanischen Privathaushalte hingegen verschulden sich in extremer Weise immer weiter (und werden häufig gedrängt und ermuntert, sich zu verschulden). Der Anstieg des auf Krediten basierenden Konsums verschärft das US-Handelsbilanzdefizit und verstärkt in der Konsequenz die Auswirkungen der merkantilistischen Währungspolitik der asiatischen Staaten. Diese kompensieren die realisierten Gewinne durch Devisenmarktinterventionen, indem sie massiv US-Dollar kaufen, um dessen Abwertung entgegenzusteuern (was Exporte in die USA erschweren würde), und gründen mit den Haushaltsüberschüssen sogenannte *Sovereign Wealth Funds* (SWF), Staatsfonds, die eine Zeit lang als mögliche Retter in der Bankenkrise gelten werden. Die Deflationstendenz verstärkt sich so freilich, auch weil die Handelsbilanzüberschüsse der asiatischen Staaten (ungeachtet der Maßnahmen am Devisenmarkt) dort Investitionen generieren; die Investitionen ihrerseits verbessern weiter die Wettbewerbsposition dieser stark exportorientierten Schwellenländer, eine Position, die auf niedrigen Arbeitskosten ebenso beruht wie auf der Qualität der Produkte und einer hohen Mehrwertrate.

Die – wenn auch nur skizzenhafte – Beschreibung der Dynamik, die zum Platzen der Subprime-Blase führt, zeigt, dass die Krise in einer spezifischen globalen *Konfiguration* kapitalistischer Akkumulation heranreift. In dieser Konfiguration ermöglicht die Finanzialisierung, auf der Grundlage von Finanzmarktrenditen und eines auf Schulden basierenden Konsums, dem globalisierten Kapital Wachstum und Entwicklung und gibt den internationalen Austauschverhältnissen systemische Kohärenz. Das weltweite Wachstum insbesondere nach der Krise der Dotcom-Blase, das die Unternehmen in die Lage versetzt, ihre Schulden abzubauen, fällt mit einer Restrukturierung des Kapitals zusammen, mit einem weiteren Schub der Externalisierung, um die Arbeitskosten zu senken und zugleich die Masse des Mehrwerts zu erhöhen, und zwar ohne eine gleichzeitige proportionale Erhöhung der Investitionen in konstantes Kapital. So lässt sich feststellen, dass die im Aktienindex S&P 500 gelisteten größten US-amerikanischen Unternehmen zwischen 1998 und 2007 im Bereich nicht neuerlich investierter Profite (was die sogenannte freie Cashflow-Marge anzeigt) ein besonders hohes Wachstum verzeichnen. Die Akkumulation von Liquidität entwickelt sich dabei parallel zu den sehr hohen Zuwächsen beim Konsum, den sowohl die Sparrücklagen als auch die Verschuldung der Privathaushalte speisen.

Die Krise des Finanzkapitals schließlich geht auf die gleichen Faktoren zurück, die zuvor Wachstum und Entwicklung determiniert haben – eine für den Konjunkturzyklus typische »palindromische« Bewegung. Doch in der aktuellen Krise zeigt sich etwas Neues, ein in den vorangegangenen Krisen nicht aufgetretenes Phänomen, nämlich eine Unfähigkeit der US-amerikanischen Währungshüter, die Liquidität zu steuern, die nicht zuletzt infolge der von den asiatischen Ländern nach der Krise von 1997 bis 1999 betriebenen räuberischen neo-merkantilistischen Währungspolitik den US-Markt erreicht. Zunächst tritt diese Besonderheit – Alan Greenspan sprach seinerzeit von einem »conundrum«, einem Rätsel – auf den US-Anleihemärkten in Erscheinung; es sind vor allem *Treasury Bonds*, also Staatsanleihen mit langer Laufzeit, sowie die von den beiden Hypothekenbanken Fannie Mae und Freddie Mac ausgegebenen Anleihen betroffen.[5] Der massive und kontinuierliche Liquiditätsstrom (besonders aus Schwellenländern sowie aus Erdöl produzie-

---

5 Michel Aglietta und Laurent Berrebi untersuchen diesen Zug des Finanzkapitalismus in ihrem Buch *Désordres dans le capitalisme mondial*, Paris 2007.

renden und exportierenden Staaten) führt dazu, dass die langfristigen Zinsen – wie die Verzinsung der Staatsanleihen – fallen.

Trotz wiederholter Anläufe der US-Notenbank zwischen 2004 und 2007, das Ansteigen des Kreditvolumens durch Anhebung des Leitzinses (von einem Prozent auf schließlich bis zu 5,25 Prozent) kurzfristig abzubremsen, fallen die langfristigen Zinsen weiter. »Diese sehr spezielle Situation ist geprägt durch eine inverse Zinskurve«, beschreibt Michel Aglietta die Anomalie, »die langfristigen Zinsen liegen unter dem Niveau der kurzfristigen – eine über einen so langen Zeitraum atypische Situation, die dazu geführt hat, dass die Kreditkosten in den USA für sehr lange Zeit sehr niedrig blieben, ungeachtet einer immer restriktiver sich gebärdenden Geldpolitik.«[6] Durch die Möglichkeit, am Markt in großen Mengen Geld aufzunehmen, stehen den Banken die Mittel zur Verfügung, trotz eines immer höheren Ausfallrisikos privaten Haushalten Kredite zu gewähren. Zu den Folgen gehört, dass die Immobilienpreise in den USA bis zum Herbst 2006 kontinuierlich steigen, in verschiedenen europäischen Staaten sogar bis 2008: In Frankreich etwa klettern die Immobilienpreise binnen zehn Jahren um 60 bis 80 Prozent, in Großbritannien und Spanien verzeichnen sie im gleichen Zeitraum eine Verdopplung.

Die Krise der Governance in der US-amerikanischen Geld- und Finanzpolitik, so lässt sich festhalten, findet ihren Ausdruck in der Unfähigkeit von Regierung und Notenbank, die Auswirkungen des Liquiditätszustroms zu steuern, der aus dem Rest der Welt und insbesondere aus den Schwellenländern auf den amerikanischen Markt fließt. Tatsächlich verdecken die Dynamiken der Globalisierung nach der Asienkrise, dass in den Industrieländern das Risiko einer sich innerhalb des Konjunkturzyklus entwickelnden Wirtschafts- und Finanzkrise steigt. Für die Analyse der Krise ist dabei erneut

---

6 Aglietta, *La crise*, a.a.O., S. 39.

die zeitliche Dimension entscheidend. Anzeichen einer Immobilienkrise gibt es bereits 2004, so zum Beispiel den mit der Anhebung des Leitzinses eingeschlagenen neuen Kurs der US-Notenbank. Doch macht der anhaltende Liquiditätszustrom aus dem Ausland die finanzpolitischen Maßnahmen zunichte und die Blase bläht sich weiterhin unaufhaltsam auf – bis August 2007. Aber das ist nicht alles: Bereits Mitte 2006 bricht der Höhenflug der Immobilienpreise ab, gegen Ende des gleichen Jahres fallen die Preise. Die Blase platzt schließlich im August 2007, nicht zuletzt, weil die Ratingagenturen dazu übergehen, die (nunmehr »toxischen«) verbrieften Kreditforderungen endlich herabzustufen, immerhin ein Jahr nach dem Umschlagen des Konjunkturzyklus.[7]

Die Krise der geld- und finanzpolitischen Governance verweist auf eine Zeitversetzung zwischen dem realwirtschaftlichen und dem Finanz- und Geldzyklus in dem Sinne, dass im Ersteren Entwicklungen und Dynamiken sich schneller manifestieren als im Letzteren. Im Zyklus des »realen« Sektors setzt die Krise – wie bei Konjunkturzyklen geläufig – in dem Moment ein, da die inflationäre Preisentwicklung (etwa im Bereich der Immobilienpreise, aber nicht nur dort) dazu führt, dass der bisherige Anstieg der Nachfrage nachlässt. Die Nachfrage steigt zwar noch, doch viel langsamer als bisher. Das passiert, weil die zu erwartenden künftigen Erträge den »irrationalen« Preisanstieg der Güter im Inneren der Blase nicht länger rechtfertigen können.

In »herkömmlichen« Konjunkturzyklen fällt dieser Moment der konjunkturellen Abschwächung im Übrigen für gewöhnlich mit annähernder Vollbeschäftigung zusammen. Für das Bankensystem bedeutet die Situation, dass sich der Takt verlangsamt, in dem die während der Aufschwungphase des Zyklus gewährten Kredite

---

7 Vgl. den Leitartikel »When a Flow Becomes a Flood«, *The Economist*, 22. Januar 2009.

zurückgezahlt werden. Bei Unternehmen wie Konsumenten mehren sich Anzeichen für Schwierigkeiten, Schulden zurückzuzahlen, weil Ertragsvolumen (der mit nachlassender Nachfrage konfrontierten Unternehmen) beziehungsweise Einkommen (der privaten Haushalte, bei denen die Inflation Wirkungen zeigt) sich zu verringern beginnen. Für Banken, von unbedeutenden Instituten bis zu den Zentralbanken ist dies der Moment, die Zinssätze zu erhöhen.

Das sogenannte *overtrading* und die extreme Spekulation, die dem Abschwung des Konjunkturzyklus vorausgehen, sind nichts anderes als ein Versuch, Einkommen *außerhalb* des Produktionsprozesses von Gütern und Dienstleistungen zu schaffen, eine *zusätzliche* Nachfrage, eine, die über die unmittelbar innerhalb des Wirtschaftskreislaufs generierten Formen hinausgeht. Beim *overtrading* wird in großem Umfang ein virtuelles Einkommen ausgegeben, noch bevor es überhaupt erzielt werden konnte. So gesehen bildet die Unzahl verbriefter Papiere mit Sicherheit eine der Grundlagen des *overtrading*, insofern die Verbriefungen verstärkt virtuelle Einkommen geschaffen haben und dabei eine künftige Realisierung unterstellten, die sich aber als vollkommen unrealistisch erweisen sollte. In dem Moment aber, da die Phase des leichten Geldes endet, verkehrt sich das *overtrading* in sein Gegenteil und es kommt zu einer Kreditklemme – dem *credit crunch*. Die zusätzliche Nachfrage bricht zusammen, löst sich in kürzester Zeit in Luft auf und das Wirtschaftssystem stürzt in eine Rezession. Unternehmen aller Branchen sind nicht länger in der Lage, ihre Produkte abzusetzen, die Lager quellen über. Die Privathaushalte erleben allmählich, wie ihnen, etwa aufgrund von Entlassungen, weniger Einkommen zur Verfügung steht, und sie begegnen der Schwierigkeit, ihren in der Aufschwungphase der Konjunktur expandierten Konsum auf demselben Niveau aufrechtzuerhalten. Das ist der Moment, da die Krise sich als eine allgemeine Überproduktionskrise präsentiert. Und es ist zugleich der Moment, da man, um ein funktionierendes Gleichgewicht zwischen Angebot und Nachfrage wieder herzustellen, in großem Umfang unverkäufliche Überschüsse *vernichtet* oder jedenfalls entwertet. Die Gewaltsamkeit der Krise zeigt sich als *Kapitalvernichtung* – unter den Bedingungen des Biokapitalismus trifft diese Zerstörung die menschliche Existenz in ihrer Gesamtheit, ihre Emotionen, Empfindungen und Affekte, sie richtet sich, mit anderen Worten, gegen alle in den kapitalistischen Produktionsprozess eingespannten »Ressourcen«.[8]

Der Zusammenbruch des *overtrading* wird nunmehr in seinem ganzen *gesellschaftlichen* Ausmaß deutlich: als Zusammenbruch der *Realisierung*, des Absatzes von Gütern und Dienstleistungen (und der in ihnen verkörperten Wertmenge), als Phänomen, das nicht nur den einen oder anderen Ausschnitt betrifft (wenn das der Fall wäre, käme es zu einem Ausgleich zwischen den verschiedenen Sektoren), sondern gleichzeitig *alle* Bereiche der Ökonomie erfasst. Die Tatsache, dass das Debakel der Überspekulation, also der Rückgang und das völlige Ersterben der durch den Mechanismus des *overtrading* geschaffenen zusätzlichen Nachfrage, zum Ausgangspunkt der Überproduktionskrise wird, zeigt indes auch, dass das Ungleichgewicht zwischen Angebot und Nachfrage ein *strukturelles* Merkmal des Wirtschaftszyklus darstellt. Das Angebot an Gütern und Dienstleistungen übertrifft, mit anderen Worten, *immer schon* die Nachfrage. Das Say'sche Theorem, das eine grundlegende Identität von Angebot und Nachfrage postuliert, erweist sich somit als falsch: nicht nur, weil die Zuspitzung der Krise zu einem Ansturm auf die Banken führt und die Privathaushalte Ausgaben möglichst aufschieben (genannt Thesaurierung), sondern vor allem, weil das Ungleich-

---

8 Die Rolle der Finanzsphäre in der Dynamik der Auf- und Abschwungphase des Konjunkturzyklus beschreibt, gestützt auf Hyman Minskys theoretische Arbeiten, Robert J. Barbera, *The Cost of Capitalism. Understanding Market Mayhem and Stabilising Our Economic Future*, New York 2009.

gewicht von Angebot und Nachfrage strukturell ist. Wäre dem nicht so, müsste sich mit dem Zusammenbruch des *overtrading* zwischen Angebot und Nachfrage wieder ein Gleichgewicht einstellen, was aber nicht passiert. Die Krise enthüllt das Vorhandensein eines die Nachfrage übersteigenden Angebots, eine im gesamten Konjunkturzyklus immer schon gegebene latente Überproduktion. Aus diesem Grund bemühen sich in der Krise aufgelegte antizyklische Maßnahmen, neuerlich zusätzliche Nachfrage zu schaffen: Es sind Maßnahmen, die, angesichts der allgemeinen wilden Flucht in der Privatwirtschaft, nur der Staat durchzuführen vermag. Kein Selbstregelungsmechanismus des Marktes wäre imstande, die Voraussetzungen für eine Überwindung der Krise zu schaffen.

Die Globalisierung des Finanzsektors *schiebt* den Zahltag, den Wendepunkt des Zyklus, *hinaus*, insofern nämlich das Kreditvolumen (sowohl der Unternehmen als auch der privaten Haushalte) weiterhin zunehmen kann: ungeachtet der ersten Anzeichen einer Konjunkturabschwächung in der »Realwirtschaft« (wie etwa der beginnende Preisverfall bei Immobilien eines ist), ungeachtet auch einer Entwicklung der Zahlungsbilanz, die dazu beiträgt, die Symptome der drohenden Krise zu verdecken. Solange der anhaltende massive Zustrom von Finanzmitteln aus Schwellenländern in die USA – Mittel, die keine besonders hohen, aber sichere Erträge suchen – und ein ungefähr gleich großes Volumen US-amerikanischer Direktinvestitionen im Ausland sich die Waage halten, sind Notenbank und Regierung der USA noch nicht in Zugzwang, das *seit langem offenkundige* internationale Problem des Handelsbilanzungleichgewichts anzugehen. (Und nicht zuletzt bringen Auslandsdirektinvestitionen den US-Unternehmen höhere Renditen als Inlandsinvestitionen, was den Profit erhöht, insbesondere solange der Dollar gegenüber anderen Währungen niedrig steht.)

Die Zeitversetzung, mit der sich die Krise der US-amerikanischen finanzpolitischen Governance offenbart, ist der Ausgangspunkt der

Verwandlung einer regional begrenzten in eine *unmittelbar* globale Krise. Gewiss ist dies auch der Proliferation risikobehafteter und »toxischer« Wertpapiere geschuldet, die seinerzeit die Portfolios von Banken und Versicherungen, von Hedge-, Private-Equity-, Pensions- und Investmentfonds weltweit belastet haben. Genau betrachtet allerdings handelt es sich um eine Governance-Krise, die weit über das Problem der Proliferation toxischer Anlagepapiere in alle Welt hinausgeht. Das demonstriert allein schon die vollkommene Wirkungslosigkeit aller bisher von den Regierungen weltweit lancierten Interventionsmaßnahmen, um Banken und Versicherungen durch gewaltige Finanzspritzen zu rekapitalisieren.

Tatsächlich erklärt die Krise der finanzpolitischen Governance nur einen Teil, nur den *Ausgangspunkt* der aktuellen Krise; dafür spricht auch, dass im bisher schlimmsten Moment der Finanzkrise, im Oktober 2008, im Gegensatz zu dem, was alle erwarteten, der US-Dollar *aufgewertet* wurde. »Die einzige Anomalie«, so der Finanzhistoriker Barry Eichengreen seinerzeit über den bisherigen Verlauf der Krise, »besteht darin, dass der Dollar im Verlauf der letzten Wochen gegenüber praktisch allen anderen Währungen erstarkt ist.«[9] Freilich kann es passieren, dass der Dollar auch wieder an Wert verliert, wie nach der Aufwertung im August 2007 (mitten in der Subprime-Krise!), mit unvermeidlich inflatorischen Folgen auf globaler Ebene (verursacht, wie 2007 und 2008, durch einen starken Preisanstieg bei Erdöl und Lebensmitteln). Ebenso kann es sein, dass die globalen Ungleichgewichte zwischen Ländern mit einem strukturellen Handelsbilanzdefizit (wie die USA oder England) und solchen mit Handelsbilanzüberschüssen (wie die Schwellenländer, aber auch etwa Deutschland oder Japan) noch lange so weiterbestehen bleiben. Und lange heißt hier, weit über die Rettungsmaßnahmen und die Versuche hinaus, die Regeln für den Finanz- und Bankensektor neu

---

9   Eichengreen, »Anatomy of the Financial Crisis«, a.a.O.

zu definieren, Regeln, die es – nach der Krise der New Economy und bis zum Platzen der Subprime-Blase – den in die USA fließenden Liquiditätsströmen erlaubten, Leverage-Effekte wie die erlebten zu produzieren. So erklärte etwa Luo Ping, Direktor der chinesischen Bankenaufsicht, gegenüber der *Financial Times*, es gebe keine echten Alternativen zum weiteren Ankauf amerikanischer Schuldverschreibungen: »Wir hassen euch, Leute, aber was sollen wir sonst tun?«[10]

Die nur auf den ersten Blick provokante Frage lautet: Was hätte die US-amerikanische Finanzpolitik, was hätten die Zentralbanken und Regierungen der übrigen Welt anders machen können? Gewiss ist man hinterher immer schlauer und so ließen sich im Nachhinein Notwendigkeiten anmahnen, beispielsweise eine besonnenere Währungs- und Finanzpolitik, eine Erhöhung der Bankreserven, eine bessere Kontrolle der emittierten Papiere, strengere Regeln bei der Verbriefung von Subprime-Hypothekendarlehen und vieles mehr. Doch noch einmal: Was hätten Notenbank und Regierung der USA, was hätten die Zentralbanken der Schwellenländer tun können, Erstere konfrontiert mit der Gefahr einer Deflation, Letztere gerade dabei, sich von dem Desaster der Krise 1997 bis 1999 zu erholen? Die Antwort lautet: nichts anderes als das, was sie getan haben. Ein Hinweis möge genügen: Hätte die US-Notenbank eine restriktivere Geldpolitik verfolgt, um das Leistungsbilanzdefizit einzudämmen oder zu verringern, so wäre die Konsequenz eine Rezession in den Vereinigten Staaten und in der Folge auch in den Schwellenländern gewesen. Und außerdem, wie hätte die Notenbank eine restriktive Geldpolitik rechtfertigen sollen, wenn das Problem doch nicht Inflation, sondern Deflation hieß?

---

10 So zitiert von Henny Sender, »China to Stick with US Bonds«, *The Financial Times*, 12. Februar 2009; vgl. auch Dietmar Hawranek u.a., »Gipfel am Abgrund«, *Der Spiegel* 14/2009, 30. März 2009, S. 46–56.

Zu erinnern ist an dieser Stelle daran, dass ein wesentliches Charakteristikum des heutigen Finanzkapitalismus (und der entsprechenden Geld- und Finanzpolitik) die Unmöglichkeit ist, die Ereignisse innerhalb der Wirtschafts- und Finanzkreisläufe tatsächlich von außen zu steuern. Theoretische Arbeiten wie die von André Orléan, Michel Aglietta, Robert Shiller, Hyman Minsky, George Soros oder Frédéric Lordon, um nur die Wichtigsten zu nennen, weisen darauf hin, dass es, will man das Verhalten von Finanzakteuren auf der Grundlage gängiger *Value-at-Risk*-Modelle interpretieren (also mithilfe von Modellen, die das Risiko wahrscheinlicher Wertverluste berechnen), unmöglich ist, kognitive und manipulative Dimensionen, ökonomische Rationalität und mimetisches Verhalten der Vielzahl von Akteuren zu unterscheiden. Die neoklassische Theorie der rationalen Erwartungen, die davon ausgeht, dass über das Marktgeschehen Transparenz herrscht und umfassende Informationen zugänglich sind, spielt schon lange keine Rolle mehr, klammert sie doch einen zentralen Umstand der Finanzmärkte aus, nämlich eine intrinsische Ungewissheit, die immer stärker darauf beruht, dass die Dichotomie von Realwirtschaft und Geldwirtschaft sich verflüchtigt. Mit anderen Worten: Man muss Abschied nehmen von der sogenannten Effizienzmarkthypothese; stattdessen ist von einer Instabilität der Märkte auszugehen, einer strukturellen Instabilität, die nicht zuletzt auf die Eigenschaft des Geldes, »öffentliches Gut« zu sein, zurückgeht, die kollektive Haltungen und Handlungen erzeugt (wie etwa die Panik), die selten viel mit der Rationalität isolierter ökonomischer Akteure zu tun haben, aber dennoch integrale Momente im Funktionszusammenhang der Märkte sind.

George Akerlof und Robert Shiller zufolge lässt sich nur etwa einem Viertel der relevanten Verhaltensweisen von Wirtschaftsakteuren die Rationalität eines *homo oeconomicus* unterstellen. Der Rest werde von *animal spirits* geleitet, animalischen Instinkten, wie sie bereits John Maynard Keynes beschrieb, das heißt individuellen

Einstellungen, die »unseren eigentümlichen Umgang mit Mehrdeutigkeit« prägen und Entscheidungen in Situationen leiten, in denen Ungewissheit rationales Handeln behindert.[11] Und Giorgio Barba Navaretti merkt an: »Außerökonomische Beweggründe hängen von Launen ab und nicht selten liegt ihnen ein unvorhersehbarer Sinneswandel zugrunde; auf ihnen beruhende Entscheidungen können die Ökonomie ebenso nach oben wie nach unten reißen. In normalen Zeiten erlaubt rationales Abwägen ausreichend Orientierung, doch gilt das weniger in Situationen, die positiv (wie Spekulationsblasen) oder negativ (wie die Krise) Stress bedeuten. Wir waren auf die Krise nicht gefasst und es wird uns auch nicht gelingen, sie zu überwinden, solange wir diesen Faktor nicht mit bedenken.«[12]

Die Zeiten sind indes seit langem schon nicht mehr normal. Das zeigt sich etwa daran, dass es seit 1985, das heißt seit der mit der Deregulierung der Märkte eingeleiteten neoliberalen Wende, im Durchschnitt alle zweieinhalb Jahre eine Finanz- und/oder Währungskrise gab. So viel nur zur Grundannahme der Neoklassik, der zufolge der Markt »die optimale Allokation von Kapital« und »das beste Risikomanagement« garantiert.

Eine ganz grundsätzliche Schwäche der Berechnungsmodelle zur Bewertung von Risikowahrscheinlichkeiten beruht auf dem *endogenen* Charakter, der das Interagieren der Finanzakteure auszeichnet.[13] »Irrtümliche Bewertungen« von Bonität und Risiko lassen sich nicht

---

11 George A. Akerlof u. Robert J. Shiller, *Animal Spirits. Wie Wirtschaft wirklich funktioniert*, übers. v. Ute Gräber-Seißinger, Ingrid Proß-Gill u. Doris Gerstner, Frankfurt a. M./New York 2009, S. 21; vgl. auch Matteo Pasquinelli, *Animal Spirits. A Bestiary of the Commons*, Rotterdam 2009.
12 Giorgio Barba Navaretti, »Capire la crisi: Travolti dagli Animal Spirits«, *Il Sole 24 Ore*, 8. März 2009.
13 Vgl. André Orléan, »La notion de valeur fondamentale est-elle indispensable à la théorie financière?«, *Regards croisés sur l'économie: Comprendre la finance contemporaine*, 1.3 (März 2008), S. 120–128.

so sehr, und nicht nur, als Fehler erklären, hinter denen – skandalöserweise typische – Interessenkonflikte von Rating-Agenturen stehen, sondern sind Ausdruck der (»ontologischen«) Unmöglichkeit, Regeln oder Meta-Regeln festzulegen, die in der Lage wären, die Märkte nach sogenannten rationalen Prinzipien zu organisieren (wie das die Vereinbarungen Basel I und Basel II versuchen). Das gilt umso mehr bei Methoden wie der sogenannten marktnahen Bewertung (*mark to market*), die auf den neuen Rechnungslegungsgrundsätzen der International Financial Reporting Standards (IFRS) beruht (die wiederum Teil der Vereinbarungen von Basel II sind): Der Zeitwert oder *fair value* eines Finanzwertes wird berechnet, indem der aktuelle Marktpreis auf Preise bezogen wird, zu denen der Vermögenswert möglicherweise in der Vergangenheit gehandelt wurde, gewissermaßen historischen Werten. Das Problem, das sich mit einer solchen Bewertungsmethode stellt, besteht darin, dass in dem Moment, da die *fair value*-Marktwerte als Bezugsgrößen zur Berechnung des Werts von Finanzaktiva herangezogen werden, ein starker Anreiz besteht, den Gesamtwert der Aktiva durch Schulden zu erhöhen – vergleichbar einer Situation, in der ein Eigentümer sein Realvermögen berechnet und dabei den aktuellen Marktwert seines Immobilienbesitzes einbezieht. Michel Aglietta beschreibt die Folgen eines solchen Mechanismus: »Eine solche Art der Berechnung hat zur Folge, dass die Schulden der Käufer von Finanztiteln gering erscheinen, denn ihnen stehen als Sicherheit ebenjene Titel gegenüber, deren Wert letztlich steigen wird, und zwar schneller als die Schulden. Banken sehen daher kein Risiko, nehmen sie doch die Marktwerte als Indikatoren. Obwohl es sehr real ist, taucht das Risiko in den Variablen nirgendwo auf, die man den neuen Rechnungslegungsgrundsätzen entsprechend heranzieht – Normen also, die als gut gelten.«[14] Es handelt sich um eine regelrechte Aufforde-

---

14 Aglietta, *La crise*, a.a.O., S. 18–19.

rung zur weiteren Verschuldung, also genau so weiterzumachen wie in den Jahren der massiven Finanzialisierung der Ökonomie. *Und zwar entsprechend den Regeln, die auf internationaler Ebene vereinbart wurden, um die Märkte zu regulieren!*

Die Krise der amerikanischen finanzpolitischen Governance geht, so ließe sich behaupten, auf einen doppelten *Widerstand* zurück. Zum einen wäre das der Widerstand der Schwellenländer gegen Versuche, sie weiterhin den OECD-Staaten gegenüber in einer subalternen Positionen zu halten, ein Widerstand, der in den Veränderungen des Wachstums- und Entwicklungsmodells nach der Asienkrise seinen Niederschlag findet: Mit der Umleitung der Liquiditätsströme ins Ausland hat das exportorientierte asiatische Modell tatsächlich die Masse der nicht (re-)investierten heimischen Geldrücklagen in Finanzmarktrenditen transformiert. Der Widerstand ist aber zum anderen auch der Widerstand der US-amerikanischen privaten Haushalte, ein Widerstand, der auf die Karte einer *sozialen Rente* setzt und sich so gewissermaßen »von innen« gegen die Finanzialisierung wendet. Eine Zeit lang agieren viele amerikanische Familien – in welch finanziell instabilen Formen auch immer – auf dem Terrain *sozialer Eigentumsrechte*, des Rechtes auf Wohnung und auf einen (freilich durch Schulden finanzierten) Zugang zu Gütern und Dienstleistungen. Das Ganze findet wohlgemerkt in einer Zeit statt, da staatliche Ausgaben in grundlegenden Bereichen wie Bildung und Ausbildung gekürzt werden; der staatliche Rückzug treibt die Kosten für die Privathaushalte in diesen Bereichen enorm in die Höhe und zwingt die Familien, sich – beispielsweise für die Ausbildung und das Studium der Kinder – zu verschulden. Das private *deficit spending* ist also alles andere als der Reflex einer typisch amerikanischen Neigung, über die eigenen Verhältnisse zu leben, sondern vielmehr ein Phänomen, dessen Ursprünge sich in der in der Krise des Sozialstaats und in der neoliberalen Wende zu Beginn der 1980er Jahre finden.[15]

---

[15] Vgl. hierzu Colin Crouch, »What Will Follow the Demise of Privatized Keynesianism«, *The Political Quarterly* 79 (4), Oktober/Dezember 2008, S. 476–487.

Geomonetäre Szenarien

In einer Krise zeigt sich, wie die soziale (und gegebenenfalls auch politische) Dimension jener Widerstände, die sich während des Konjunkturaufschwungs entwickelt haben, in die ökonomische Ordnung zurückkehrt. Die gegenwärtige Krise allerdings ist aus einem derartigen Knäuel aus Widersprüchen und Erstarrungen auf globaler Ebene entstanden, dass es (neo-)keynesianischen Maßnahmen und Interventionen im regional begrenzten Maßstab schwerfallen dürfte, die Probleme zu lösen. Ein Ausweg aus der Krise scheint daher offensichtlich nur möglich, wenn Maßnahmen zur Konjunkturbelebung sich in präzise geopolitische und geomonetäre Strategien einschreiben.

Mittelfristige, auf fünf bis zehn Jahre angelegte Szenarien eines Auswegs aus der Krise gibt es im Wesentlichen drei; der Politologe Lucio Caracciolo beschreibt sie ein wenig ironisch: »Das erste Szenario, *Chimerika*, setzt auf die USA und China als Paar, also auf einen Pakt von Dollar und Yuan. Das zweite, *Eurussien*, erweitert das Spiel um Russland und einige westeuropäische Mächte, allen voran Deutschland und Frankreich, im Bund durch ein Sonderabkommen zwischen Euroland und Rubel. So werden, parallel zur chinesisch-amerikanischen Achse, alle Bedingungen und Voraussetzungen für ein Hyper-Bretton-Woods geschaffen, für eine Rundum-Vereinbarung zwischen allen Großmächten. Das dritte Szenario geht von einer Verschärfung der Ungleichgewichte aus (angefangen vom Irrewerden der altkontinentalen *Sauce tartare* und ihren laufenden Konflikten), bis dahin, dass das ganze System unregierbar wird. Und ein gewisser Katastrophismus fügt an: um dann den August 1914 nachzustellen, dieses Mal nuklear und auf planetarischer Ebene.«[1]

---

1   Lucio Caracciolo, »L'impero senza credito«, *Limes. Rivista italiana di geopolitica*, 5/2008.

All diesen Szenarien liegt die Annahme vom unvermeidlichen Niedergang der US-Hegemonie zugrunde; es ist der Niedergang eines »Weltreichs ohne Kredit«, wie Caracciolo die USA nennt, um das Paradox zu beschreiben, dass das mächtigste Land der Welt zugleich das im globalen Maßstab am höchsten verschuldete ist. Freilich lässt sich die vordergründig so evidente Annahme vom amerikanischen Niedergang berechtigterweise anzweifeln, insofern es Hinweise darauf gibt, dass die Krise die asiatischen Länder, von China bis Singapur, von Japan bis Südkorea, überproportional hart trifft, während die Vereinigten Staaten weiterhin einer der sichersten Häfen für Investitionen bleiben, so paradox das auch scheinen mag.[2]

Die aktuelle Krise hat sich in einer komplexen geomonetären Struktur, in einer globalen Wirtschafts-, Finanz- und Währungsordnung entwickelt, in der eine Vielzahl von Akteuren durch unterschiedlichste, häufig selbstreferentielle Interessen miteinander verbunden sind. So kann etwa die chinesische Seite zwar die Haltung einnehmen, die USA sollten mehr sparen, doch nur solange die chinesischen Exporte in die Vereinigten Staaten nicht tangiert sind. Die USA umgekehrt können zwar – wie sie es in der Vergangenheit mehrmals getan haben und weiterhin tun, wenn auch sehr verhalten – von China verlangen, den Yuan aufzuwerten und den chinesischen Inlandskonsum zu fördern, aber sie werden sich hüten, die chinesische Nachfrage nach US-Staatsanleihen zu bremsen. Zugleich führt die Krise zu einem starken Rückgang des privaten Nettokapitalflusses in die ökonomisch sich entwickelnden Länder: Die Direktinvestitionen belaufen sich 2009 auf nicht mehr als 165 Milliarden US-Dollar, das sind weniger als die Hälfte der 466 Milliarden aus dem Jahr 2008 und ein Fünftel des Kapitalflusses von 2007.[3] Maß-

---

2 Vgl. den Artikel »Asia's Suffering«, *The Economist*, 29. Januar 2009.
3 Vgl. Institute of International Finance, »Capital Flows to Emerging Market Economies«, *IIF Research Note*, Washington 2009.

nahmen zur Konjunkturbelebung und zur Bankenrettung, wie sie in OECD-Staaten ergriffen werden, können ihrerseits nichts anderes bewirken als ein *crowding out* aus den Märkten der Schwellenländer und der Staaten Osteuropas, was die Staatsverschuldung in diesen Ländern in die Höhe treibt. Das wiederum bewegt möglicherweise verschiedene asiatische Länder, sich zu schützen, indem sie ihre Fremdwährungsreserven erneut weiter erhöhen, ihre Rücklagen in die Schulden der entwickelten Länder investieren und so exakt die Dynamik antreiben, die der Kreditexplosion in den USA Vorschub geleistet hat. Die grundlegenden Ungleichgewichte, die der Entwicklung des Finanzkapitalismus in den vergangenen Jahren zugrunde liegen und in seiner aktuellen Krise kulminieren, werden mithin noch für eine ganze Zeit fortbestehen, wie Martin Wolf, Kolumnist der Financial Times, anmerkt.[4]

Nicht der Niedergang der US-Hegemonie oder des *American Empire* zwingt also zu dem Versuch, den Weg internationaler Kooperation einzuschlagen, um die globalen Ungleichgewichte besser moderieren zu können, sondern es ist der Umstand, dass die aktuelle Krise lange andauern und kein Land in der Lage sein wird, die Lotsenrolle für die Weltwirtschaft von den USA zu übernehmen. Im heutigen Weltsystem, so interpretiert etwa der konservative Wirtschaftskolumnist David Brooks die Situation, fehlt es wahrscheinlich an der Möglichkeit, Entscheidungen zu treffen: ein Umstand, der seiner Meinung nach den Kapitalismus paralysiert: »Die Dispersion der Macht sollte theoretisch etwas Gutes sein, doch in der Praxis bedeutet Multipolarität, dass immer mehr Gruppen durch ihr Veto ein gemeinsames Handeln blockieren können. In der Praxis hat die neue pluralistische Welt zu einer *Globosklerose*

---

4 Martin Wolf, »Why G 20 leaders will Fail to Deal with the Big Challenge«, *The Financial Times*, 1. April 2009.

geführt, zur Unfähigkeit, ein Problem nach dem anderen zu lösen.«[5] Die Krise stellt, mit anderen Worten, das Konzept einer unilateralen (oder auch multilateralen) politischen und ökonomischen Hegemonie selbst grundsätzlich und radikal in Frage, was dazu zwingt, neue Formen globaler Governance zu erkunden.

Ein erster Schritt in diese Richtung besteht darin, den Schwellenländern eine gewisse Sicherheit zu bieten, im Falle von Liquiditätskrisen nicht sich selbst überlassen zu bleiben. Das Angebot der US-Notenbank vom Oktober 2008, vier Schwellenländern eine Kreditlinie zu gewähren, auch wenn die Begünstigten schließlich über ausreichende Reserven verfügen sollten, lässt sich als eine Neuerung in diesem Sinn interpretieren. Erklärtes Ziel ist es, durch besser koordinierte wirtschafts- und finanzpolitische Maßnahmen Kapitalströme neu auszurichten und die Inlandsnachfrage in den Schwellenländern zu stimulieren, ohne indes die Gleichgewichte zwischen dem Dollar und anderen Währungen zu gefährden. Eine solche Strategie schließt wohlgemerkt die Länder der Eurozone mit ein; schließlich weist beispielsweise auch Deutschland einen strukturellen Handelsüberschuss auf und hat daher ein gesteigertes Interesse daran, eine auf Ankurbelung der Inlandsnachfrage zielende Politik zu verfolgen, um den Ausfall der Auslandsnachfrage zu kompensieren.

Zu beobachten ist ferner, dass die Implementierung einer solchen geopolitisch-geomonetären Strategie zunächst für den Internationalen Währungsfonds (IWF) nur eine ganz marginale Rolle vorsieht. Die Summen, um die es geht, liegen weit außerhalb der finanziellen Spielräume des Fonds. Tatsächlich wird sich auf mittlere und lange Sicht eine operative Neuerfindung des IWF als notwendig erweisen – vor allem eine beträchtliche Erhöhung seiner Mittel –,

---

5   David Brooks, »Missing Dean Acheson«, *The New York Times*, 1. August 2008.

schon aus dem einfachen Grund, weil die USA nicht in der Lage sind, den Schwellenländern längerfristig »präventive« Kreditlinien zu gewähren. Beim Aufbau eines Hyper-Bretton-Woods, dessen Schild und Schwert ein neuer IWF wäre, wie der französische Staatspräsident Nicolas Sarkozy das mehrmals plakativ gefordert hat, wäre allerdings ein Charakteristikum des Fonds in Rechnung zu stellen, das die neoliberale US-Politik der vergangenen Jahrzehnte im Kern zusammenfasst.

Es handelt sich um die auf Drängen der USA nachträglich in den Statuten des IWF implementierte Verpflichtung zur Konvertierbarkeit der sogenannten Kapitalbilanz – eine Bestimmung zur Deregulierung internationaler Kapitalbewegungen, der sich 1944 John Maynard Keynes während der Vorbereitungen des Abkommens von Bretton Woods vehement widersetzt hatte – anstelle der zunächst lediglich vorgesehenen Leistungsbilanzkonvertibilität. Für Jacques Sapir liegen die Unterschiede auf der Hand: »Die Orientierung beider Konzeptionen ist grundverschieden. Bei der zweiten liegt der Akzent auf Devisenströmen, der Deckung von Transaktionen in der Realwirtschaft; solche Devisenströme ergeben sich aus dem Austausch von Gütern und Dienstleistungen, aus dem Tourismus oder auch aus den Rücküberweisungen von Migranten in ihre Herkunftsländer. Die erstgenannte Konzeption hingegen bezieht sich auf alle Arten von Wertpapiergeschäften, auf alle möglichen Spekulationsinstrumente, und autorisiert sie so.«[6]

Zur Idee eines neuen Bretton Woods würde entsprechend gehören, die Konvertibilität der Kapitalbewegungen aus den Statuten zu streichen, die seit den 1980er Jahren eine der Voraussetzungen der neoliberalen Deregulierung der internationalen Märkte bildet; die daraus resultierende Anhäufung globaler Ungleichgewichte

---

[6] Sapir, »L'économie politique internationale de la crise et la question du ›nouveau Bretton Woods‹«, a.a.O., S. 3.

gehört zu den wichtigsten Ursachen der wiederholten Finanzkrisen der vergangenen 30 Jahre. Heute erkennt auch der IWF selbst an, dass es nicht zuletzt diese dem Kapital gewährte Bewegungsfreiheit ist, die zur Destabilisierung des Welthandels und der globalen Finanzströme beigetragen hat. Wichtigstes Ziel eines denkbaren »neuen« IWF wäre entsprechend, die *ökonomische Souveränität* der Nationalstaaten wiederherzustellen sowie durch ein supranationales Währungssystem eine Symmetrie der Handelsbeziehungen zu garantieren; dabei hätte allerdings eine Streichung der Kapitalbilanzkonvertibilität unausweichlich zur Folge, genau die Strukturen zu blockieren, die bislang, ungeachtet ungeheurer Widersprüche und krisenhafter Dynamiken, die Entwicklung und Entfaltung des Finanz- und Biokapitalismus gewährleistet haben.

Um nur eine Konsequenz zu nennen: Die USA würden nicht länger vom massiven Liquiditätszustrom aus den Schwellenländern profitieren, der es, wie wir sahen, dem amerikanischen Kapital ermöglicht hat, den Massenkonsum, gestützt auf die Verschuldung der US-Haushalte, enorm zu steigern. Wie auch immer der Vorschlag eines neuen Bretton Woods zu beurteilen ist, eines kann als sicher gelten: Eine Reform in diesem Sinne hätte ungeheuerliche Auswirkungen auf eine Ökonomie und Gesellschaft, in denen nach der Demontage des Sozialstaats der Konsum und die Verschuldung zu den wichtigsten Antriebskräften geworden sind. Sapir schreibt: »Die Bruchlinie zwischen den Verfechtern der alten Unordnung und den Anhängern einer tatsächlichen Neuordnung des Währungs- und Finanzsystems verläuft im Wesentlichen entlang zweier Fragestellungen: Sie betreffen zum einen die Kontrolle des Kapitals, zum anderen Formen des Protektionismus, die zu vermeiden erlauben, die krisenhaften Auswirkungen der Politik bestimmter Länder zu importieren.«[7]

---

7 Ebd., S. 32.

Im Augenblick scheint die Bereitschaft der chinesischen Führung, weiterhin US-Staatsanleihen zu kaufen, außer Zweifel zu stehen – aus den vergangenen Jahren verfügt China über insgesamt rund zwei Billionen US-Dollar Währungsreserven –, doch wird aus denselben Führungskreisen zugleich die Idee einer Reform des Weltwährungssystems lanciert, um, wie es heißt, der »Dollarfalle« zu entgehen, also dem Risiko einer Abwertung der US-Währung.[8]

Alfonso Tuor kommentiert diese Haltung: »Die chinesische Bereitschaft hat freilich einen Preis, und dieser Preis ist, insbesondere für die USA, hoch: Peking verlangt eine Reform des internationalen Währungssystems, ein neues Bretton Woods, und verfolgt dabei das Ziel, eine supranationale Handelswährung zu schaffen, an Stelle des Dollar. Die chinesische Regierung denkt, eine solche Funktion könnte das Sonderziehungsrecht des IWF übernehmen.«[9] Allein das Erwähnen einer Reform hatte unmittelbare Auswirkungen auf die Stabilität des US-Dollar an den internationalen Devisenmärkten; auch wenn der Vorschlag natürlich von graduellen Veränderungen ausgeht, so ist doch klar, dass eine derartige Reform für die amerikanische Währung den Verlust ihrer hegemonialen Stellung mit sich brächte, zugunsten der Institution eines supranationalen Geldes – eben des *Special Drawing Right* (SDR) des IWF –, einer synthetischen Währungseinheit, die sich aus einer Reihe nationaler Währungen zusammensetzt.

Es ist indes daran zu erinnern, dass das SDR keine supranationale Währung im eigentlichen Sinn, sondern viel eher eine Rechnungseinheit ist, definiert durch einen sogenannten Währungskorb ande-

---

[8] Vgl. das Statement von Zhou Xiaochuan, des Chefs der chinesischen Zentralbank, »Reform the International Monetary System«, 23. März 2009 [online: bis.org].
[9] Tuor, »Chi pagherà il conto della crisi«, *Corriere del Ticino*, 27. März 2009.

rer Währungen (US-Dollar, Euro, Yen und Pfund Sterling). Das bedeutet, die Idee, der »Dollarfalle« zu entgehen, in der sich China nach Jahren kontinuierlicher Investitionen eigener Devisenreserven in amerikanische Schatzpapiere sieht, ist in erster Linie ein Ausdruck des von den chinesischen Währungshütern gehegten Wunsches, die eigenen Devisenreserven zu *diversifizieren*, also den Dollarbestand zu verringern – zugunsten anderer nationaler Währungen wie des Euro, des Yen oder des britischen Pfund. Die Verringerung des Dollarbestandes allerdings würde unweigerlich eine Abwertung der US-Währung mit sich bringen, eine Abwertung, die wiederum die chinesischen Exporte erschweren würde. Wie hochproblematisch eine Reform des internationalen Währungssystems tatsächlich ist, macht der Umstand deutlich, dass, gegenwärtig zumindest, weder die Chinesen noch die Amerikaner die grundlegenden Ungleichgewichte zwischen Ländern mit Exportüberschüssen und Industrieländern mit Defizit (USA, Großbritannien) zur Sprache bringen.

In einem Kommentar zu den Resultaten des Londoner G 20-Treffens Anfang April 2009 schreibt der Wirtschaftswissenschaftler Joseph Halevi: »In der *Financial Times* vom 31. März hat Martin Wolf ein sehr einfaches Kriterium angegeben, um die Ergebnisse des Gipfels einzuschätzen: Gelingt es den versammelten Ländern, so fragt er, die weltweite Nachfrage zu verlagern, von den Ländern mit Zahlungsbilanzdefizit in Länder mit Überschüssen, um so die Ausgaben und Importe Letzterer zu erhöhen? Wolfs vermutet – zu Recht, wie sich herausgestellt hat –, dass das Thema nicht einmal angeschnitten würde. Die G 20 beschlossen, wie die *New York Times* berichtet, durch den IWF Mittel in Höhe von insgesamt 1,1 Billionen US-Dollar bereitzustellen, etwa für den Fall, dass Entwicklungsländer in Zahlungsschwierigkeiten geraten und Darlehen benötigen; Maßnahmen zur Stimulierung der Nachfrage seien indes nicht lanciert worden. Die G 20 waren mithin politisch nicht in der Lage, den einen entscheidenden Punkt anzugehen, den Wolf benannt hat.

Eine Lösung aber machte es unumgänglich, die Deflation der Löhne in Europa zu beenden und die exportorientierten Strukturen der Produktion sowohl in Japan als auch in China radikal neu auszurichten.«[10]

Diese Krise besiegelt tatsächlich das Ende der Möglichkeit, weiterhin die inländischen Ersparnisse der Überschussländer mit der inländischen Verschuldung der Defizitländer aufzurechnen. »Noch vor zwei Jahren«, so Paul Krugman, »lebten wir in einer Welt, in der China viel mehr sparen konnte als es investierte, die überschüssigen Ersparnisse wurden nach Amerika verfügt. Diese Welt gibt es nicht mehr.«[11] Wollte man das internationale Währungssystem wirklich reformieren und so vermeiden, dass die grundlegenden Ungleichgewichte auf globaler Ebene sich weiterhin reproduzieren, wäre es notwendig, sich in Richtung der Institution einer tatsächlichen supranationalen Währung zu bewegen, als eines bloßen Mittels nationaler Kaufkraft wie es das Konzept des Bancor vorsah, das John Maynard Keynes 1944 auf der Konferenz von Bretton Woods ohne Erfolg vorstellte, oder das Konzept einer supranationalen Währung, dessen theoretischer Ausformulierung sich der französische Ökonom Bernard Schmitt seit Jahren widmet.

In einer solchen – keineswegs nur theoretischen, sondern realen – Perspektive liegen die Möglichkeiten, die aktuelle Krise *politisch*, und nicht nur ökonomisch, zu überwinden. Die Blockade der Kapitalakkumulation auf globaler Ebene ist angesichts solcher Widersprüche neu zu interpretieren: mit zum einen der Möglichkeit, dass diese Krise lange andauern wird oder auch immer wieder ähnliche Krisen

---

10 Joseph Halevi, »Il summit e i conflitti intercapitalistici«. *il manifesto*, 4. April 2009; vgl. auch ders., »G 20 and Inter-Capitalist Conflicts«, *Monthly Review Zine*, 7. April 2009 [online: mrzine.monthlyreview.org].
11 Paul Krugman, »China's Dollar Trap«, *The New York Times*, 3. April 2009.

ihr folgen werden, zum anderen der Aussicht, zur Überwindung der Krise das internationale Währungssystem zu redefinieren, gestützt auf die Souveränität der Nationalstaaten und/oder auf regionale Pole sowie auf symmetrische Handelsbeziehungen.[12]

Unterdessen ist es ratsam zu verfolgen, inwiefern es der US-Regierung unter Barack Obama gelingt, ihren neuen New Deal umzusetzen. Die Investitionen im Gesundheitssektor samt der Reform der Krankenversicherung sowie die Ausgaben im Bildungsbereich stellen mit Sicherheit geeignete Maßnahmen dar, um Beschäftigungswachstum in großem Umfang zu generieren. Viel mehr jedenfalls als Steuererleichterungen, insofern verfügbares Einkommen sich in der Krise nicht in effektive Nachfrage nach Konsumgütern übersetzt.[13] Unter den verschiedenen anderen Maßnahmen im Rahmen des US-Finanzstabilisierungspakets (*Financial Stability Plan*, FSP) verdient insbesondere der sogenannte *Homeowners Affordability and Stability Plan* Beachtung. Der Plan zielt zum einen darauf, durch Senkung der Hypothekenzinsen und, unterstützt durch Liquiditätsspritzen für Fannie Mae und Freddie Mac, den leichteren Zugang zu konventionellen Darlehen die Nachfrage nach Wohnraum zu fördern, zum anderen werden die Gerichte in Konkursverfahren gegen zahlungsunfähige Eigenheimbesitzer autorisiert, die Hypothekenbelastung zu verändern.[14] Letztere Maßnahme stellt ein Vorgehen von historischer Tragweite dar, insofern in den USA die Darlehen

---

[12] Vgl. Martin Wolf, »Why Obama Must Mend a Sick World Economy«, *The Financial Times*, 21. Januar 2009.

[13] Vgl. Michael Mandel, »The Two Best Cures for the Economy«, *Business Week*, 23. März 2009.

[14] U.S. Department of the Treasury, *Homeowner Affordability and Stability Plan. Fact Sheet*, Presseerklärung v. 18. Februar 2009.

für Eigenheime bisher nicht Gegenstand in Konkursverfahren werden konnten.[15]

Tatsächlich handelt es sich um die einzige innovative finanzpolitische Maßnahme, vergleicht man sie mit den anderen Interventionen zur Rettung der Banken- und Versicherungsbranche, die das FSP vorsieht, Maßnahmen im Übrigen, die sich bisher insgesamt als ineffektiv erwiesen haben – oder sogar als Fiasko, um Paul Krugmans Ausdruck aufzugreifen. Die Gründung eines Refinanzierungsfonds für Hypothekendarlehen ist die einzige wirksame *technische* Maßnahme, um Kreditderivaten, die ansonsten den Bankensektor weltweit belasten, wieder einen Wert zu geben, und darüber hinaus ist es eine intervenierende Maßnahme ohne unmittelbare Auswirkungen auf die öffentliche Verschuldung, wird doch die Refinanzierung auf die gesamte 30jährige Laufzeit des Darlehensvertrags ausgedehnt. Das Paket bewahrt etwa vier Millionen Familien davor, ihr Haus durch Pfändung zu verlieren; zugleich hilft es stärker als alle bisherigen Rettungsmaßnahmen, die Banken zu schützen, insofern Hypothekendarlehen, auf denen (verbriefte) Derivate beruhen, wieder einen konkreten Wert bekommen. So gesehen lautet das Prinzip: *Man muss »unten« ansetzen, um die monetären Strukturen zu reformieren.*

Und wirklich, jenseits aller technischen Fragen und auch jenseits der typisch amerikanischen Besonderheiten einer Maßnahme, die Eigenheimbesitzer unterstützt, die aufgrund billiger Kredite in eine Schuldenfalle gestürzt sind – was bei dieser Maßnahme zählt, ist das Prinzip, die ihr zugrundeliegende *Philosophie*. Hierzu ein paar Überlegungen. Zum Ersten verweist eine solche Maßnahme, zumindest ansatzweise, auf die *Frage des sozialen Eigentumsrechts* an einem Gemeingut, auf ein Recht, das hier allem Anschein nach dabei ist,

---

15 Vgl. James C. Cooper, »Job One: Build a Floor Under Housing«, *Business Week*, 9. März 2009.

sich gegen das durch Privateigentum begründete Recht – die heute einzig und allein denkbare Form des Rechts – zu behaupten und durchzusetzen. Wenn, mit anderen Worten, bis heute der Zugang zu einem Gemeingut die Form der *Privatschuld* annimmt, so ist es von nun an legitim, das gleiche Recht unter der Form *sozialer Rente* zu denken – und zu fordern. Soziale Rente bezeichnet die Form, in der unter den Bedingungen des Finanzkapitalismus die (Um-)Verteilung des Einkommens auftritt, die Gestalt, in der die Gesellschaft das Recht einer und eines jeden anerkennt, ein Leben in Würde zu führen. Daher lässt sich die soziale Rente auf viele Bereiche beziehen, so insbesondere auf den Bereich Bildung und Wissenszugang, in dem sie die Form des Rechts auf ein *garantiertes Stipendieneinkommen* annimmt.

Zum Zweiten scheint eine solche Maßnahme aus dem Repertoire eines New Deal, wie die demokratische US-Regierung sie lanciert hat, in der Lage zu sein, zwei Ebenen zu verbinden, die für gewöhnlich in Konflikt miteinander stehen. Denn zum einen handelt es sich zweifellos um eine *lokale* Intervention, eine gezielte Hilfe, um ein bestimmtes Maß aggregierter Nachfrage punktuell dort zum Einsatz zu bringen, wo die Krise Einkommen, Arbeitsplätze und Existenzen zerstört. Zum anderen aber hat ein solches Eingreifen auch seine *globale* Dimension, insofern es darauf zielt, den (ökonomischen) Wert von Finanzinstrumenten zu fixieren, die per definitionem geschaffen wurden, um in der globalen Finanzsphäre in Umlauf gebracht und von Investmentbanken und -fonds jeglicher Art in ihr Portefeuille genommen zu werden. Eine der schlimmsten Gefahren der Krise ist tatsächlich eine Abschottung der einzelnen Nationalstaaten gegeneinander, sind Versuche, durch währungspolitische Interventionen Wettbewerbsvorteile zu erzielen und Marktanteile zu erobern beziehungsweise sie durch protektionistische Maßnahmen anderen zu entziehen. Auf diese Art entstehen gewöhnlich Kriege.

Schließlich ist in einer solchen Maßnahme die ganz entscheidende Dimension der *Zeit* präsent, insofern die Unterstützung der Familien in Form einer garantierten sozialen Rente im Kern eine Investition in die Zukunft ist. Die Intervention »unten« vermeidet nicht nur, wie erwähnt, einen sofortigen und massiven Anstieg der öffentlichen Verschuldung, sondern entfaltet sich zudem innerhalb eines *langfristigen* Zeithorizonts: Es ist der Horizont des Heranwachsens neuer Generationen, deren Entwicklung am besten gefördert wird durch Investitionen, die ihre frühe Kindheit, ihre Schul- und Ausbildungszeit sowie ihren ersten Eintritt ins Berufsleben unterstützen.

Zeit zu gewinnen bedeutet sich der Mittel zu versichern, die eigene Zukunft zu erfinden, sie von der Sorge zu befreien, was unmittelbaren Profit abwirft. Es bedeutet, sich um sich selbst und um die Umwelt, in der man lebt, zu sorgen, es bedeutet, in sozialer Verantwortung aufzuwachsen. Diese Krise zu überwinden, ohne danach zu fragen, was Konsum, Produktion oder Investition bedeuten, heißt nichts anderes, als die Voraussetzungen des Finanzkapitalismus zu reproduzieren, die Gewalttätigkeit seines Auf und Ab, eine Philosophie, der besagt: »Zeit ist alles, der Mensch gilt nichts.« Damit der Mensch alles sei, müssen wir uns die Zeit seiner Existenz wieder aneignen.

Nachwort

Von der Insolvenz des Bankhauses Lehman Brothers im Herbst 2008 bis zum G 20-Gipfel in Toronto im Juni 2010 hat sich die Krise des Finanzkapitalismus verschärft und weiter kompliziert. In zwei Jahren erlebte man staatliche Interventionen, um Banken, Versicherungen, Finanzinstitute und ganze Industriezweige zu retten, und schließlich den Übergang zur sogenannten Krise der Staatsverschuldung. Letztere ist das komplexe Resultat der Bankenrettung unter staatlicher Verantwortung, aber auch Folge der massiven fiskalischen Entlastung des Kapitals und hoher Einkommen in den vergangenen 15 Jahren, der für Rezessionszeiten typischen Verringerung der Steuereinnahmen, der mit sozialen Abfederungsmaßnahmen verbundenen Erhöhung der Staatsausgaben und nicht zuletzt der steigenden Schuldzinsen, die an die Inhaber von Staatsanleihen zu zahlen sind.

Zur gleichen Zeit ließ sich bei den durch Staatshilfen geretteten Banken ein Prozess der Konzentration sowie des ökonomischen und politischen Wiedererstarkens beobachten: Sie nutzten die Niedrigzinspolitik, um ihre Gewinne zu erhöhen, indem sie direkt und beinahe ausschließlich auf den Wertpapiermärkten und in Staatsanleihen investierten. So war es ihnen möglich, die auf dem Höhepunkt der Krise erhaltenen Hilfen zurückzuzahlen, um sich derart von jeglicher politischen Einmischung weitestgehend freimachen und letztlich die Bedingungen des einsetzenden Konjunkturaufschwungs diktieren zu können. Drei Jahre nach dem Platzen der Subprime-Blase ist die politische Macht der Banken und Finanzinstitute erneut in einem Maße angewachsen, das es ihnen erlaubt, die Umsetzung der notwendigsten die Branche betreffenden Gesetzesvorhaben abzuschwächen oder auszubremsen. Das gilt insbesondere für die anvisierte Trennung zwischen Handels- und Investmentbanken, wie sie der sogenannte Dodd-Frank Act vorsieht, also das im Juni 2010 – in der Nachfolge des Glass-Steagall-Gesetzespakets von 1933 – verabschiedete novellierte US-Bankengesetz: Im Ergebnis sind im Finanz- und Bankensystem auch zukünftig (und auf lange Zeit) viele Institute zu sehr miteinander verwoben, als dass man sie scheitern lassen könnte, beansprucht der Grundsatz »too interconnected to fail« somit weiterhin Geltung.

Selbst durch die öffentlichen und privaten Schulden in Ländern wie Griechenland, Portugal, Spanien, Irland oder Italien stark in Mitleidenschaft gezogen und zudem noch Inhaber toxischer Papiere, ein Erbe der Spekulationswelle mit Subprime-Darlehen, spielen die Banken im Zusammenhang mit den Finanzhilfen der Europäischen Union und des Internationalen Währungsfonds (IWF) für die europäischen Randstaaten eine entscheidende Rolle und sind zugleich die treibende Kraft hinter den kompromisslosen Sparmaßnahmen, die man den betroffenen Regierungen aufzwingt. Die Interventionen zugunsten der meistverschuldeten Länder sind dabei in Wahrheit Maßnahmen zur Rettung der größten europäischen – insbesondere deutschen und französischen – Banken; dahinter verbirgt sich eine »Rekapitalisierung« in einem Moment, in dem die Banken, wie bereits im Verlauf der amerikanischen Subprime-Krise, aufgrund der Undurchsichtigkeit ihrer Bilanzen einander nicht mehr vertrauen, wodurch der Handel zwischen ihnen praktisch zum Erliegen gekommen ist. Ein drohender Ausverkauf von Staatsanleihen, beschleunigt noch durch Abwertungen des Euro, verursacht Kursabstürze bei diesen Titeln und führt gleichzeitig zu steigenden Zinssätzen, was den Schuldendienst der meistverschuldeten Länder zusätzlich belastet und ihre Defizite weiter anwachsen lässt. Die Ergebnisse der Stresstests, veröffentlicht am 23. Juli 2010, wonach nur sieben der 91 getesteten europäischen Banken nicht in der Lage wären, etwaige starke Erschütterungen der Finanzmärkte durchzustehen, haben das Gesamtbild nicht grundsätzlich verändert, sind es heute doch die Stresstests der Märkte, denen die Banken ausgeliefert sind.

Im Endergebnis führt ein solcher »Finanzkeynesianismus«, bei dem die Zentral- und Notenbanken die wachsende Nachfrage aus dem Banken- und Finanzsektor monetisieren, zur Verstetigung der Krise, geht er doch auf Kosten von Investitionen zur Förderung des Wachstums und der Beschäftigung. In den USA erlebt man, seit die Federal Reserve (FED) ihr Programm zum Ankauf hypothekenbesicherter Wertpapiere im März 2010 beendet hat, den Niedergang des Marktes für verbriefte Wertpapiere, der den Banken die Möglichkeit geboten hatte, vergebene Kredite zu bündeln, um sie als handelbare Wertpapiere am Markt zu platzieren; diese Entwicklung wiederum bringt die amerikanischen Banken dazu, bei der Vergabe von Krediten an die Wirtschaft immer restriktivere Kriterien anzulegen. In Europa sind die Banken durch den Umstand, dass die Europäische Zentralbank (EZB) für das gesamte Bankensystem zur wichtigsten Finanzierungsquelle geworden ist, ebenfalls dazu gezwungen, ihre Kreditpolitik weiter einzuschränken. Die Folge ist, dass trotz nahe null liegender Leitzinsen der Notenbanken und einer expansiven Währungspolitik die der Wirtschaft zur Verfügung stehende Kreditsumme sich als äußerst begrenzt erweist. Die Ökonomie sitzt in einer »Liquiditätsfalle«: Das billige Geld führt weder zur Ankurbelung des Konsums noch zu steigenden Investitionen, und das umso weniger, solange man sich darauf versteift, auf eine wie auch immer unwahrscheinliche Wiederkehr der Inflation und einen damit einhergehenden Anstieg der Zinssätze zu warten – eine Situation, wie Japan sie bereits in den 1990er Jahren erlebte. Kreditknappheit und Austeritätspolitik führen in ihrem Zusammenspiel in eine Deflationsspirale, die – so jedenfalls Paul Krugman – in eine Depression münden kann, vergleichbar den großen Depressionen im Gefolge des Börsenkrachs von 1873 und der Krise von 1929 bis 1931.

Unter weltpolitischen Gesichtspunkten betrachtet kompliziert sich das Bild noch weiter. Beim G 20-Gipfel in Toronto war der Konflikt zwischen den USA, Europa und einigen Schwellenländern unübersehbar. Während die US-Regierung unter Barack Obama die Länder mit großen Handelsbilanzüberschüssen (wie Deutschland, China und Japan) bat, expansive Maßnahmen zu ergreifen, um die Konjunkturerholung zu stützen und von den USA die Rolle der Lokomotive in der Weltwirtschaft zu übernehmen, entschied sich Europa angesichts der Vertrauenskrise, die durch die Verschuldung der öffentlichen Haushalte der EU-Mitgliedstaaten entstanden war, für eine Fortsetzung des eingeschlagenen restriktiven Kurses in der Wirtschafts- und Finanzpolitik. Das Ergebnis ist indes praktisch gleich null.

Die USA haben die Grenzen »keynesianischer« Finanzmanöver erreicht: Während sich das Defizit ständig erhöht, sieht sich die FED gezwungen, fortgesetzt Geld zu drucken, um einer neuen Rezession gegenzusteuern. Dies wiederum leistet gefährlichen Spekulationsgeschäften Vorschub, sogenannten *carry trades*, bei denen Investoren zinsgünstige Kredite in Dollar aufnehmen, um in Obligationen anderer Währung mit höheren Renditen zu investieren. Der Konjunkturaufschwung nach der Rezession von 2008/2009 stützte sich in den USA – wie in Europa – im Wesentlichen auf eine expansive Währungs- und Steuerpolitik, doch blieb auch sie mittelfristig letztlich wirkungslos, wie die anhaltend hohe Arbeitslosenrate und die neuerliche Immobilienkrise nach dem Auslaufen der staatlichen Hilfsprogramme zeigen.

In Europa wiederum gelingt es nicht, durch eine Abwertung des Euro die depressiven Auswirkungen der in den meisten Mitgliedsstaaten der EU verfolgten Austeritätspolitik auszubalancieren. Die Sparmaßnahmen begünstigen nur die wirtschaftlich starken Länder wie Deutschland: Die deutschen Exporte gehen zum größten Teil an Empfänger außerhalb der Eurozone. Die europäischen Regierungen setzen übereinstimmend auf eine Politik der »Wettbewerbs-Disinflation«, wozu drastische Kürzungen im öffentlichen Dienst ebenso gehören wie sinkende Sozialausgaben und der Druck auf die Löhne; Unterschiede bestehen hingegen, was die strategischen Absichten anbelangt. Die Differenzen zwischen Deutschland und Frankreich etwa sind offenkundig und betreffen unter anderem die Definition der Größe Europas und des europäischen Blocks, die Harmonisierung der Fiskalpolitik, die Rolle der EZB sowie die möglichen Maßnahmen gegen Länder, die gegen die Ausgabendisziplin verstoßen. Letztlich handelt es sich um einen Machtkampf zwischen Frankreich, das im internationalen Wettbewerb Marktanteile verloren hat, und Deutschland, das Europa durch Austeritätspolitik zu dominieren sucht.

Die Krise der Staatsverschuldung lässt zutage treten, was die Schaffung der Eurozone in den vergangenen zehn Jahren erfolgreich bemänteln konnte: die Kluft zwischen zum einen den exportorientierten starken Industrieländern, darunter namentlich Deutschland und sein »Hinterland«, und zum anderen den Ländern am Rand der Eurozone, aber auch beispielsweise Rumänien, Polen, den baltischen Staaten und Ungarn, deren Wirtschaftswachstum im staatlichen Sektor wie in der Privatwirtschaft ganz wesentlich von Investitionen abhängt, die sich aus den Handelsüberschüssen der ökonomisch führenden Länder speisen.

Dieser europäische Finanzzyklus ist dem vergleichbar, der in den vergangenen Jahren zwischen den Vereinigten Staaten und China entstanden ist; es ist ein Mechanismus, bei dem gesamtwirtschaftliche Ersparnisse aus Ländern mit Handelsbilanzüberschüssen in Staatsanleihen anderer Länder – die umgekehrt ein Defizit aufweisen und entsprechend Obligationen ausgeben, um die Verschuldung zu decken – investiert werden, statt durch Investitionen im Inland zu steigenden Löhnen und höheren Sozialausgaben beizutragen. Bekanntlich reifte die amerikanische Subprime-Krise im Innern eines solchen sehr spezifischen Wirtschafts- und Finanzzyklus: Die Verbriefung von Hypothekendarlehen in großer Zahl wurde durch die niedrigen Zinsen auf amerikanische Staatsanleihen erleichtert, ein Resultat wiederum des Kapitalzustroms aus China. Der europäische Mechanismus funktioniert auf mehr oder weniger gleiche Art, doch ist in Europa nur eine Währung im Spiel, während es im Zyklus zwischen den USA und China zwei sind. Dieser Unterschied allerdings wiegt nicht gerade gering, lassen doch die strukturellen Ungleichgewichte innerhalb der Eurozone keinen Raum für Formen differenzierter Governance: Weder lässt sich durch Investitionen in Infrastruktur die Binnennachfrage stimulieren (wie das in China im Gefolge der Krise von 2008 geschah) noch durch gezielte Maßnahmen der Wechselkurs beeinflussen (also beispielsweise durch eine Abwertung des Dollar oder eine größere Flexibilität des Yuan-Wechselkurses).

Die Länder mit Bilanzüberschüssen in der Eurozone können sich keine übermäßige Abwertung des Euro leisten, denn schließlich gründet der beschriebene Finanzmechanismus darauf, dass Banken aus den ökonomisch tonangebenden Ländern öffentliche Schuldverschreibungen der Randstaaten ankaufen, und mit einem schwachen Euro erhöhte sich für sie die Gefahr der Insolvenz. Wie die Subprime-Krise gezeigt hat, ist der Mechanismus aber nur dann in der Lage, sich – zumindest mittelfristig – zu reproduzieren, wenn die Länder mit Handelsdefizit Maßnahmen zur Konjunkturbelebung einleiten, seien diese auch noch so einseitig auf den Finanzsektor konzentriert, und dadurch ihre Staatsverschuldung *erhöhen*; in Europa hingegen setzt man alles daran, sie möglichst zu verringern. Es gibt Schätzungen, wonach eine Abwertung des Euro für den europäischen Raum binnen kurzer Zeit auf der Habenseite der Handelsbilanz 300 Milliarden Dollar im Jahr brächte, doch ist beileibe nicht erkennbar, wo Aktiva dieser Größenordnung absorbiert werden sollten. Gewiss nicht in den USA, wo die Privathaushalte noch immer darum ringen, ihre Schulden loszuwerden, und ebenso wenig in China, das sich nicht von heute auf morgen vom Export- zum Importland wandeln wird.

Wir erleben offenbar gerade einen historischen Prozess der De-Europäisierung Europas, der mit dem Zusammenbruch des Euro enden kann. Verschiedene Analysten waren davon ausgegangen, dass Deutschland sich bereits Ende 2010 dazu entschließt, die Gemeinschaftswährung zu verlassen, um die eigene exportorientierte Wirtschaftspolitik weiter zu verfolgen, wobei in einem solchen Fall der Handelsbilanzüberschuss nicht mehr länger in den europäischen Randstaaten reinvestiert würde, sondern in verstärktem Maße in Asien und Brasilien. Ein derartiges Szenario klingt wahrscheinlicher als das eines Europa der zwei Geschwindigkeiten, das weiterhin an der einheitlichen Währung festhält, aber zwischen einem (starken) Euro 1 und einem (schwachen) Euro 2 unterscheidet. Auf dem Spiel steht das Überleben des europäischen Bankensystems; zugleich geht es um Kräfteverhältnisse sowohl innerhalb Europas als auch zwischen Europa und den USA. Unter dem Einfluss des schwachen Euro sind auch die Beziehungen zwischen den USA und China, zumindest was die Wechselkurse der beiden Währungen anbelangt, reichlich prekär, da China gezwungen ist, den Yuan gegenüber dem Dollar abzuwerten, um die eigene Marktposition beim Export nicht zu verlieren.

Ursprünglich war der Euro mit der Intention geschaffen worden, Europa gegen den Dollar und die US-Währungspolitik abzuschirmen. Die wirtschaftliche und soziale Einigung Europas vereitelte indes eine Konstitution, die vor allem die Einheit der Kapitalmärkte in den Mittelpunkt stellt. Die Mitgliedstaaten ergriffen keine Maßnahmen, die ihre jeweiligen Lohnbeziehungen und Steuersysteme koordinieren, um so zu einer Sozial- und Wohlfahrtspolitik zu kommen, die den neuen Produktions- und Distributionsprozessen des Reichtums angemessen gewesen wäre. Eine derartige politische

Abstimmung wäre vielleicht durch die (Neu-)Einrichtung einer »Europäischen Währungsschlange« – also eines Verbunds flexibler Wechselkurse – ermöglicht worden, in deren Rahmen jedes Mitgliedsland eine seinen Möglichkeiten und Bedürfnissen entsprechende eigene Währungspolitik hätte betreiben können. Der Euro hingegen, faktisch eine Währung ohne Staat, funktionierte als ein Vehikel der Finanzialisierung der Ökonomie und der öffentlichen Ausgaben, ohne dass dadurch Handelsungleichgewichte innerhalb der Eurozone abgebaut worden wären; diese haben sich im Gegenteil sogar zugespitzt.

Angesichts eines drohenden deflationären Nachlassens der globalen Nachfrage und der Verlangsamung des Binnenwachstums scheint die chinesische Regierung entschlossen, Forderungen nach höheren Löhnen und besseren Lebensbedingungen mehr Raum zu gewähren: eine politisch-strategische Maßnahme, nicht zuletzt dazu bestimmt, Chinas Einfluss international zu vergrößern, allerdings nicht durch eine im Ergebnis ungewisse Wertberichtigung des Yuan, sondern durch den stufenweisen Aufbau eines Sozialstaats in einer Zeit, da die europäischen Länder alles daran setzen, einen solchen zu demontieren. Seit dem Inkrafttreten der neuen Arbeitsrechtsbestimmungen im Januar 2008 haben sich die Löhne chinesischer Arbeiter faktisch um mehr als 17 Prozent erhöht und auch die Zahl der Streiks in chinesischen Betrieben japanischer und US-amerikanischer multinationaler Konzerne ist stark angestiegen. Es handelt sich um eine Entwicklung, durch die sich die Investitionsverteilung verändern wird: Bisher lag ihr Schwerpunkt auf Infrastrukturmaßnahmen, zu Lasten der Binnennachfrage nach Konsumgütern. Zugleich werden hier erste Anzeichen deutlich, dass die Veränderungen in der Beziehung zwischen den USA und China auch die Regulation des Lohnverhältnisses berühren, haben doch, wie es heißt, die niedrigen Lohnkosten in China und die in amerikanischen Supermärkten verkauften chinesischen Billigprodukte in den zurückliegenden Jahren die Kaufkraft amerikanischer Arbeiter im Schnitt um 1.000 Dollar jährlich ansteigen lassen. Ein Wachstum des chinesischen Konsums um 20 Prozent würde Berechnungen zufolge eine Steigerung des Exports von Gütern aus den USA in einer Größenordnung von 25 Milliarden Dollar erlauben und könnte 200.000 amerikanische Arbeitsplätze schaffen. Wir sind noch weit von Vollbeschäftigung entfernt, doch ist es immerhin interessant festzustellen, wie die Weltwirtschaft durch einen neuen Zyklus von Klassenkämpfen zu einem neuen Gleichgewicht finden kann.

»Welche Art Entwicklung ließe sich denken, die einen Ausweg aus der Krise eröffnete?«, fragt der Ökonom Silvano Andriani und kommt zu dem nüchternen Fazit: »Sowohl die Annahme, eine Wiederbelebung der Konjunktur könnte von einer Erholung des privaten Konsums seinen Ausgang nehmen, der sich weiterhin aus der Verschuldung der Privathaushalte finanzieren müsste – insofern von keiner Seite ein Anstieg der Löhne und Gehälter ins Spiel gebracht wird –, als auch die Vorstellung, für eine solche Erholung des privaten Konsums könnten die USA das Zugpferd abgeben, implizieren eine Neuauflage des alten Entwicklungsmodells, dessen Mangel an Nachhaltigkeit gerade in die Krise führte. Selbst wenn ein solches Entwicklungsmodell möglich wäre, würde damit der nächsten, noch schlimmeren Krise der Weg bereitet; doch wahrscheinlicher ist letztlich, dass derartige Annahmen sich als bloße Wunschvorstellungen herausstellen, während sich ganz konkret die Gefahr einer ›dritten Depression‹ abzeichnet und protektionistische Tendenzen erstarken.«[1]

Es handelt sich um eine echte Zwickmühle, bei der es nicht ausreicht, nach einer defizitfinanzierten quantitativen Steigerung der öffentlichen Nachfrage zu rufen, um den Einbruch der Privatnach-

---

[1] Silvano Andriani, »Siamo sulla soglia della terza depressione«, Ms., 10. Juli 2010.

frage infolge der Finanzkrise zu kompensieren. Sehr wahrscheinlich würde ein solcher Weg dazu führen, dass die auf globaler Ebene in den vergangenen Jahren akkumulierten strukturellen Ungleichgewichte zwischen Ländern mit Überschüssen und solchen mit Defizit sich weiter vergrößern. Damit stellt sich eine Reihe der im vorliegenden Buch aufgeworfenen Fragen erneut.

Die wichtigste Frage betrifft die Interpretation des Finanzialisierungsprozesses, seine allmähliche Herausbildung seit Ende der 1970er Jahre und sein Verhältnis zur sogenannten Realökonomie. Die Finanzialisierung stellt, so unsere These, lediglich die Kehrseite des postfordistischen Kapitalismus dar, seine »notwendige (und perverse)« Form, was den Finanzkapitalismus freilich nicht weniger hassenswert macht. Die Behauptung, die Finanzialisierung sei den neuen Prozessen der Kapitalakkumulation »wesensgleich«, lässt die im 20. Jahrhundert dominante Vorstellung hinter sich, der zufolge eine »gute« Realökonomie und eine »schlechte« Finanzökonomie existierten, zwei miteinander in Konflikt stehende Welten, deren eine, die Finanzsphäre, »gegen« die Realwirtschaft arbeitet, indem sie das Kapital davon abbringt, sich produktiv zu verwerten und dabei Beschäftigung und Einkommen zu generieren. Gewiss wirkt die Funktionslogik der Finanzökonomie, das Wechselspiel der Entstehung spekulativer Blasen und der Anhäufung privater und öffentlicher Schulden, auf die Realwirtschaft zurück und führt zu Rezessionen in immer schnellerer Abfolge. Das Problem ist aber, dass es im Finanzkapitalismus, noch dazu im globalen Maßstab, extrem schwierig ist, die Krise durch ein »Entfinanzialisieren« der Ökonomie zu überwinden, also etwa durch die Erhöhung der Investitionen im Produktionssektor oder durch den Aufbau sozialstaatlicher Strukturen, wie es in den 1930er Jahren in den USA geschah.

Die Finanzökonomie durchdringt heute die Zirkulation des Kapitals in ihrer Gesamtheit; jede produktive Tätigkeit und jeder Konsumakt sind direkt oder indirekt an die Finanzsphäre gebunden. Komplexe Kreditbeziehungen bestimmen Warenproduktion und -zirkulation; sie folgen dabei einer Spekulationslogik und verwandeln die Gebrauchswerte der Güter – und zwar theoretisch aller produzierten und noch zu produzierenden Güter – in handelbare Finanzanlagen, die potentiell Mehrwert generieren. Wie im Falle der Wohnimmobilien während der Subprime-Blase zu beobachten war, führt die Nachfrage nach finanzialisierten Gebrauchswerten (und die Verschuldung, die ihr zugrunde liegt) gerade aufgrund steigender Preise zu einer immer weiter steigenden Nachfrage. Dieser Mechanismus widerspricht vollkommen dem Gesetz von Angebot und Nachfrage, wie die neoklassische Theorie es typischerweise formuliert, dem zufolge steigende Preise die Nachfrage nach einem Gut senken. In dem Moment, da am Ende der expansiven Phase im Konjunkturzyklus die inflationär angestiegenen Preise finanzialisierter Güter aufgrund des Ausbleibens neuer Käufer zu sinken beginnen, bricht sich der Widerspruch zwischen den – trotz eines gewissen Auf und Ab – rapide fallenden Preisen für Finanzanlagen und dem Niveau der (nominellen) Schulden mit aller Gewalt Bahn. In der Folge kommt es zum Verkauf von Wertpapieren, um den Schuldendienst bedienen zu können; die massiven Verkäufe verursachen ihrerseits einen weiteren Preisverfall und noch mehr Verkäufe. (Eine solche Spirale wird *debt deflation trap* genannt.)

Die Schuldenkrisen, in die in den vergangenen rund 30 Jahren Unternehmen, Verbraucher und Staaten stürzten, sind nicht zuletzt Ergebnis sogenannter *carry trades*, bei denen Kredite zu günstigen Konditionen aufgenommen werden, um in Wertpapiere mit höherer Rendite zu investieren. Die *debt crisis* ist daher, wie der amerikanische Ökonom Hyman Minsky schon vor Jahren dargelegt hat, als eine zyklisch wiederkehrende Krise dem Finanzkapitalismus inhärent. In den expansiven Phasen des Finanzzyklus, in der Zeit der Prosperität, werden Unternehmen, Verbraucher und Staaten ermutigt, immer höhere Risiken einzugehen, also Schulden aufzunehmen.

Zunächst sind derartige Spekulationen einträglich, was angesichts der weiterhin steigenden Notierungen der Finanzwerte immer neue Anleger ermutigt sich zu verschulden. Der Prozess der Einbindung funktioniert so lange, wie die Fähigkeit, die Schulden zurückzuzahlen, durch neu Hinzukommende garantiert ist; die Dynamik verkehrt sich indes in ihr Gegenteil, gerät mit anderen Worten in die Krise, sobald erste Anzeichen auf Schwierigkeiten bei der Schuldentilgung hindeuten. Damit fällt der Startschuss für den Wettlauf um den Verkauf der Papiere; gleichzeitig steigen die Zinsen.

Nun sind die Handlungsspielräume der Währungshüter in der Zinspolitik unter Bedingungen des globalen Kapitalismus aufgrund des Investitionsflusses in – insbesondere US-amerikanische – Staatsanleihen sehr begrenzt. Die Folgen sind eine Ausdehnung der expansiven Phase des Konjunkturzyklus und ein Verlängern der Schuldenspirale, und zwar trotz der von den Notenbanken zur Eindämmung der Spekulationsblase beschlossenen Erhöhungen der Leitzinsen. Tatsächlich sind heute weniger die Zinsen (die faktisch bei null liegen) als der Interbankenhandel – der Marktplatz also, auf dem die Banken Kreditgeschäfte untereinander tätigen – für die Kreditrationierung in der Realökonomie verantwortlich. Die staatlichen Interventionen, die auf nationaler oder supranationaler Ebene Liquidität zuschießen, um das Banken- und Finanzsystem vor dem Kollaps zu bewahren, verweisen auf die Notwendigkeit, durch Schaffung zusätzlicher Nachfrage den in der expansiven Phase des Zyklus mittels Schulden produzierten Mehrwert zu puffern (um eine Überproduktionskrise abzuwenden); zugleich aber ist ein Exklusionsprozess vorgezeichnet, das Ausgeschlossensein vom Zugang zu den in der Expansionsphase produzierten Gütern, verschärft nicht zuletzt durch Entlassungen und eine Verschlechterung der Lebensbedingungen. In dieser Phase kommt es zum Ausverkauf der im Übermaß produzierten Güter sowie zu Konzentrationsprozessen beim Industrie- und Bankenkapital.

Im Zuge der Überwindung der Subprime-Krise verlagerte sich der Schwerpunkt der Schuldenlast vom privaten in den öffentlichen Sektor; der schwindelerregende Anstieg der öffentlichen Verschuldung allerdings ist vor allem das Resultat einer mit dem Geld der Steuerzahler sowie mithilfe der von den Zentralbanken zur Verfügung gestellten Liquidität vollbrachten Sozialisierung des Finanzkapitals. Es ist eine Art »Kommunismus des Kapitals«, bei der der Staat, das heißt die Allgemeinheit, sich den Bedürfnissen der »Finanzsowjets« anpasst, also der Banken, Versicherungen, Investment- und Hedgefonds, die so die Diktatur des Marktes über die Gesellschaft errichten. Der »Kommunismus des Kapitals« ist Ergebnis eines historischen Weges, der Mitte der 1970er Jahre begann, als man zur Finanzierung der öffentlichen Schulden in New York auf die Pensionsfonds zurückgriff; der weitere Verlauf indes ist durch die Transformation des Produktionsprozesses bestimmt, durch den fundamentalen Wandel, dem die Produktion des Reichtums sowie die Natur der Arbeit selbst unterworfen waren.

Die Analyse der Finanzialisierung wirft eine Reihe kontrovers diskutierter Probleme auf. Zunächst ist festzustellen, dass in den vergangenen 30 Jahren trotz wiederkehrender Finanzkrisen die Profitraten kontinuierlich gestiegen sind; gleichzeitig wuchsen, wenngleich entschieden langsamer als die Profitraten, auf globaler Ebene auch die durchschnittlichen Akkumulationsraten. »Die Daten zeigen«, schreibt der Ökonom Daniel Albarracín, »eine bedeutende Akkumulation in den asiatischen Staaten sowie in den Schwellenländern, die zu einem großen Teil die in den USA, in Japan und in Europa zu konstatierenden Rückgänge kompensieren.«[2] Die Schere zwischen Profit- und Akkumulationsrate ist sicher eine der Quellen des Koexistierens von Prosperität und wachsender relativer Armut,

---

2 Daniel Albarracín, »Capitalismo tardío, ¿quo vadis? Cuestiones en litigio para la teoría de las ondas largas«, *Viento Sur* 110, Mai 2010.

doch bietet das historisch betrachtet noch keine unmittelbare Erklärung.

Das zwischen Industrieländern, asiatischen Staaten und Schwellenländern zu beobachtende Auseinandertreten der Wachstumsraten ist unserer Meinung nach ausgehend von der *globalen Form* des heutigen Kapitalismus zu analysieren. Bedacht werden muss dabei insbesondere die strategische Rolle transnationaler Konzerne, die direkten Nutzen aus den hohen Wachstumsraten in Schwellenländern ziehen, wenn sie den dort realisierten Mehrwert »repatriieren«, um ihn sodann auf den Finanzmärkten zu investieren. In Rechnung zu stellen ist aber auch das Auftreten der (neuen) Dispositive politischer Koordination, also der G 20, des IWF, der Weltbank und der Welthandelsorganisation (WTO) sowie der Zentralbanken der weltweit bedeutendsten Entwicklungspole. Die Globalisierung des Kapitals internalisiert die ehemals peripheren Ökonomien und verwandelt sie in integrale Bestandteile des Empire, wie Michael Hardt und Antonio Negri es theoretisch beschrieben haben, eines Empire, innerhalb dessen die Form der Ausbeutung – bei allen Nuancen – und die Form der Aneignung des Reichtums seitens der transnationalen kapitalistischen Oligarchie ein und derselben Logik folgen.[3] Die Beziehungen zwischen dem Norden und dem Süden, zwischen dem Zentrum und den Peripherien finden sich heute im Inneren der Akkumulationsprozesse wieder, jedes »Außerhalb« ist nunmehr »innerhalb« der kapitalistischen Entwicklung.

Einen Begriff wie Empire dem Konzept des Imperialismus vorzuziehen – und dabei die Verhältnisse nicht in der Perspektive von »Innen« und »Außen«, Zentrum und Peripherie, Entwicklung und Unterentwicklung zu denken – bedeutet indes nicht, die dem globa-

---

3 Vgl. Michael Hardt u. Antonio Negri, *Empire. Die neue Weltordnung*, übers. v. Thomas Atzert u. Andreas Wirthensohn, Frankfurt a. M./New York 2002.

len Kapitalismus innewohnenden Widersprüche zu unterschätzen. Zweifellos verfolgen die USA, Europa, die asiatischen Staaten und die Schwellenländer unterschiedliche Strategien, was etwa Investitionsentscheidungen, die Geld- und Währungspolitik, Konjunkturfördermaßnahmen, die Rolle des Exports oder die Finanzierung der öffentlichen Verschuldung anbelangt, wie uns die Analyse der im Kapitalismus der Gegenwart auftretenden Spannungen zeigt. Solche Widersprüche sind allerdings einer Art von »kooperativem Wettbewerb« eingeschrieben, den das Ziel eint, die Ausbeutung der Arbeitskraft ebenso wie die Umverteilung des Reichtums entlang einer Logik der Aneignung auszuweiten. Das schließt die Möglichkeit einer Krise in den internationalen Beziehungen nicht aus; so entwickelt sich unter Umständen vor dem Hintergrund protektionistischer Politiken und lokaler Kriege ein gefährlicher Prozess der »Entglobalisierung«, der darauf hinausläuft, eine hierarchische Ordnung der globalen Herrschaftsverhältnisse zu (re-)etablieren. Die aktuelle Krise wird womöglich widersprüchliche Resultate und dramatische Auswirkungen zeitigen, gerade weil sie so lange andauert und die in ihr sich entwickelnden Spannungen kumulieren.

Eine andere bedeutende und weiterhin offene Frage, wenn es um die Analyse des Kapitalismus heute geht, betrifft die Interpretation der Finanzialisierung jenseits vorgefertigter und überkommener ideologischer Schablonen. Zweifellos ist das Auseinandertreten von Profitrate und Akkumulationsrate die Konsequenz einer Politik, in deren Mittelpunkt die Erhöhung des sogenannten Shareholder Value und der Transfer von Mehrwert (in Form von Dividenden und Zinsen) an Investoren – und hier insbesondere an die großen institutionellen Anleger – steht. Zu den Grundlagen einer solchen Politik gehören die Verschärfung der Arbeitsbedingungen, das Drücken des direkten wie indirekten Lohns, die Prekarisierung der Arbeitskraft und die Externalisierung ganzer Produktionsbereiche. Die Minimierung der Lohnkosten und der Abbau von Arbeitsplätzen steigern die

Profite, die dann (zumindest teilweise) auf den Finanzmärkten reinvestiert werden, um dort Finanzrenditen zu generieren. Die gesteigerte Mobilität des Kapitals, seine Ausrichtung auf Schwellenländer mit hohen Profitraten, die Verlagerung von Unternehmen oder Unternehmensteilen, all dies hat dazu beigetragen, die Profite zu steigern, ohne indes eine neue lange Welle allgemeiner Prosperität einzuleiten; zu beobachten ist stattdessen eine extreme Polarisierung der Einkommen. Tatsächlich erleben wir keine Wachstumsspirale, die durch steigende Akkumulationsraten weltweit getragen würde. Die durchaus bemerkenswerten technologisch-industriellen Innovationen der vergangenen Jahrzehnte wurden eher dazu eingesetzt, die Lohnkosten zu senken und die Arbeit insgesamt zu intensivieren, als dazu, ein allgemeines Wachstum zu stimulieren, wie das in der Epoche des Fordismus der Fall war.

Unserer Analyse zufolge ist die Expansion der Finanzbranche seit den 1980er Jahren die Kehrseite der Tendenz, den Produktions-, Extraktions- und Aneignungsprozess des Werts auf die ganze Gesellschaft auszudehnen. Die Finanzialisierung und die ihr eigenen zyklischen Krisen sind im Grunde im Lichte der *Biopolitik der Arbeit* zu interpretieren, das heißt vor dem Hintergrund der postfordistisch ausgerichteten Organisation der Produktion, die das Leben in seiner Gesamtheit zu Arbeit macht, in der das Wissen und die kognitiven Fähigkeiten der Arbeitskraft, wie sie gesellschaftlich in der Kooperation der lebendigen produktiven Körper existieren (der *general intellect*, von dem Marx in den *Grundrissen* spricht), die Rolle übernehmen, die im Fordismus den Maschinen zukam, und in der Sprache, Affekte und Emotionen, Beziehungs- und Kommunikationsfähigkeit insgesamt zur Produktion des Werts beitragen.[4]

---

4 Zum *general intellect* vgl. Karl Marx, *Grundrisse der Kritik der politischen Ökonomie* (1857–1858), MEW Bd. 42, Berlin 1983, S. 590-609.

Solcherart Externalisierungsprozesse der Wertproduktion, die den Konsumenten regelmäßig zum Koproduzenten der konsumierten Waren und Dienstleistungen machen, sind zu bedenken, wenn es darum geht, die Finanzialisierung und die Effekte des Auseinandertretens von Profit- und Akkumulationsraten zu untersuchen. Die Schere zwischen steigenden Profiten und stagnierenden Investitionen in das konstante wie das variable Kapital – also in Kapitalgüter und Löhne – findet ihre Erklärung durch Veränderungen in der *Natur* der Arbeit. In dieser Lücke vollzieht sich die Mehrwertextraktion, die Aneignung nicht bezahlter Arbeit, in *außerhalb* des unmittelbaren Produktionsprozesses situierten Dispositiven der Wertabschöpfung, und zwar durch Modelle der betrieblichen Organisation, die direkt auf produktive, kreative und innovative Eigenschaften der Arbeitskraft zurückgreifen, die in Bereichen jenseits der Arbeitswelt gereift sind. Die Profite ebenso wie die Ersparnisse und Rücklagen der Beschäftigten (etwa aus Pensionsfonds) werden an der Börse (re-)investiert, statt durch Investitionen in Kapitalgüter Arbeitsplätze zu schaffen – die so generierte Finanzrente hat zur Ausdehnung der effektiven Nachfrage beigetragen, die für die Realisierung der Profite notwendig ist, das heißt für den Verkauf der Güter und Dienstleistungen, in denen sich der Mehrwert verkörpert.

Die Stagnation der Reallöhne indes wird durch private Verschuldung »kompensiert«. Zu beobachten ist somit ein »Zur-Rente-Werden« sowohl des Profits als auch eines Teils des Lohns, was wiederum einem unmittelbar in der Zirkulationssphäre der Güter und Dienstleistungen situierten Prozess der Wertproduktion entspricht.

Die Steigerung der Profite in den vergangenen drei Jahrzehnten verdankt sich unserer Meinung nach einer Mehrwertproduktion *und* einer Akkumulation völlig neuen Typs, nämlich außerhalb des Produktionsprozesses im traditionellen Verständnis. Das »neue« konstante Kapital setzt sich – im Unterschied zum physisch-materiellen Maschinensystem des Fordismus – aus einem komplexen Ganzen organisierender und disziplinierender immaterieller Dispositive sowie den neuen Informations- und Kommunikationstechnologien zusammen, die den Mehrwert aneignen, indem sie die Bevölkerung (als lebendige Arbeit) auf Schritt und Tritt verfolgen. Als Konsequenz daraus verlängert sich der Arbeitstag, die Zeit der Verausgabung solch lebendiger Arbeit, ins Unermessliche und verdichtet sich zugleich. In diesen Dispositiven des sogenannten *crowdsourcing*, des vampirartigen Aussaugens der lebendigen Ressourcen der Multitude, verkörpert sich die neue organische Zusammensetzung des Kapitals: das Verhältnis zwischen dem die ganze Gesellschaft durchdringenden konstanten Kapital und dem variablen Kapital, der Gesamtheit der sozialen Beziehungen, Emotionen, Begehren, Bindungen und einer Masse »freier« (unbezahlter) Arbeit, auch sie ohne festen Ort, aufgelöst in der Sphäre des Konsums und der Reproduktion der Lebensformen, des individuellen und kollektiven Imaginären.

Der amerikanische Ökonom Robert Shiller hat Recht mit seiner Behauptung, unter den gegenwärtigen Bedingungen anhaltender Massen- und vor allem Langzeiterwerbslosigkeit sollten Maßnahmen zur Konjunkturbelebung nicht in erster Linie das Ziel verfolgen, das Bruttoinlandsprodukt (BIP) zu steigern, sondern müssten vor allem die Schaffung von Arbeitsplätzen im Blick haben, und zwar unmittelbar in den hoch arbeitsintensiven Bereichen wie dem Bildungs- und Gesundheitswesen, im Sozialbereich, im Unterhalt der städtischen Infrastruktur, in den Beschäftigungsprogrammen für Jugendliche, im Pflegebereich, in der Kultur, der Kunst und der wissenschaftlichen Forschung. Es ginge demnach darum, Tätigkeiten in Bereichen zu entgelten, in denen es keiner besonderen Investitionen in Anlagekapital bedürfte; es sind Tätigkeiten, die zum größten Teil bereits (unentgeltlich) verrichtet werden, oder auch solche, deren positive Externalitäten, etwa im Umweltbereich, sich nicht im Sinne einer klassischen – und bornierten – Kosten-Nutzen-Rechnung unmittelbar in ein Wachstum des BIP übersetzen. Shiller zufolge würde es

30 Milliarden Dollar jährlich kosten, in diesen Bereichen einer Million Menschen eine Anstellung zu geben, was insgesamt vier Prozent des US-Konjunkturprogramms und 0,2 Prozent der amerikanischen Staatsverschuldung entspräche.[5]

Die offenkundige Auseinanderentwicklung von Profit- und Akkumulationsrate in den vergangenen Jahrzehnten verleiht einer Intuition Marx' Aktualität, die sich in den *Manuskripten* von 1844 findet: »Mit der *Verwertung* der Sachenwelt nimmt die *Entwertung* der Menschenwelt in direktem Verhältnis zu.«[6] Die Entwertung der Menschen ist umso größer, je mehr die *Produktion* des Werts nicht in ihrer gesamten Vielfalt anerkannt, sondern von den Gesetzen des Marktes (und des BIP) konditioniert wird, das heißt, von Kriterien zur Bemessung des Werts abhängt, für die einzig das Verhältnis zwischen den direkten und indirekten Kosten der Lohnarbeit und dem Profit maßgeblich ist. Die Überwindung der Langzeiterwerbslosigkeit kann nur von der immer stärker *anthropogenetischen* Natur des neuen Akkumulationsregimes ihren Ausgang nehmen, muss folglich Formen des Arbeitsentgeltes privilegieren, die direkt mit der Reproduktion des Lebens verbunden sind. Nicht länger Warenproduktion mittels Waren, sondern »Produktion des Menschen mittels des Menschen«.

Es gibt ein gewissermaßen »luxemburgisches« Moment im Finanzkapitalismus, insofern dieser von einer Spekulationsblase zur nächsten immer mehr Gemeingüter kolonisiert. »In ihrer Studie *Die Akkumulation des Kapitals*«, erinnert der Philosoph Zygmunt Bauman, »vertrat Rosa Luxemburg die Auffassung, dass der Kapitalismus nicht ohne die ›nicht-kapitalistischen‹ Ökonomien überleben

---

5 Robert J. Shiller, »What Would Roosevelt Do?«, *The New York Times*, 1. August 2010.
6 Karl Marx, *Ökonomisch-philosophische Manuskripte aus dem Jahre 1844*, MEW Bd. 40, Berlin 1983, S. 511.

könne: Er ist in der Lage, seinen eigenen Prinzipien folgend fortzuschreiten, solange es bislang ›unberührte Gebiete‹ gibt, die der kapitalistischen Expansion und Ausbeutung offenstehen; doch sobald der Kapitalismus diese Gebiete erobert, um sie ausbeuten zu können, nimmt er ihnen ihre vorkapitalistische Unberührtheit und bringt so die Quellen seiner eigenen Reproduktion zum Versiegen.«[7]

Den imperialistischen Akkumulationszyklus kennzeichneten klar definierte Beziehungen zwischen Zentrum und Peripherie, Entwicklung und Unterentwicklung. Die Länder des Zentrums exportierten in die Länder der Peripherie das Surplus, das aufgrund mangelnder kaufkräftiger Binnennachfrage nicht absetzbar war. Die Förderung der Auslandsnachfrage, um den armen Ländern den Import kapitalistischer Waren zu ermöglichen, stützte sich auf eine »Schuldenfalle«, also auf ein Dispositiv, bei dem die Banken aus den Ländern des Nordens die für den Absatz des Surplus notwendige Nachfrage schufen, indem sie den importierenden Ländern Kredite gewährten. Der Mechanismus zwang die peripheren Länder zum einen, für die importierten kapitalistischen Waren die traditionelle einheimische Ökonomie zu zerstören, zum anderen mussten sie, um den Verbindlichkeiten aus den Schulden nachkommen zu können, einheimische Rohstoffe in möglichst großen Mengen exportieren, wenn auch zu den durch die kapitalistischen Märkte bestimmten Preisen. Die *Destrukturierung* der Gemeingüter oder auch der einheimischen natürlichen Ressourcen, von strategischer Bedeutung für die kapitalistische Entwicklung der Länder des globalen Nordens, geschah *ohne Restrukturierung* der einheimischen Ökonomie, das heißt ohne den armen Länder die Möglichkeit zu eröffnen, der Armut und der

---

7 Zygmunt Bauman, »I vizi di un sistema parassitario«, übers. v. Fabio Galimberti, *La Repubblica*, 30. September 2009, vgl. auch ders., *Living on Borrowed Time. Conversations with Citlali Rovirosa-Madrazo*, Cambridge 2010, S. 16.

Abhängigkeit von den reichen Ländern des Nordens zu entkommen, reproduzierte sich doch das Problem, das Surplus abzusetzen, im immer größeren Maßstab. Verschuldung und Kredite besiegelten die Abhängigkeitsbeziehungen zwischen reichen und armen Ländern.

Diese Struktur imperialistischer Beziehungen geriet historisch in dem Moment in die Krise, da die Länder der Peripherie Formen politischer Autonomie entwickelt hatten, durch die sie in der Lage waren, der Abhängigkeit vom räuberischen Entwicklungsmodell der Länder des Nordens autochthone Entwicklungsstrategien entgegenzusetzen. Das ist das historische Ergebnis der Kämpfe um nationale Befreiung, von Kämpfen, die unterentwickelte Länder in aufstrebende Schwellenländer verwandelten.

Heute ist dieselbe kapitalistische Logik der Abhängigkeit zwischen Zentrum und Peripherie im Innern des Empire zu finden. Ein ganz wesentlicher Unterschied zwischen Imperialismus und Empire besteht nun darin, dass die »vorkapitalistischen« Gemeingüter heute gewissermaßen aus *menschlichem Rohstoff* bestehen, aus jenen dem Leben eigenen Fähigkeiten, die den Reichtum selbstbestimmt zu produzieren vermögen. Die unsichtbare Seite der Finanzialisierung, der immer wieder sich öffnenden »Schuldenfallen« – wie etwa im Falle der Subprime-Blase –, ist die ebenso geräuschlos wie konkret sich vollziehende Produktion und Enteignung dessen, was wir das Gemeinsame oder *das Commune* nennen, das heißt jenes komplexe Ganze aus Wissen, Kenntnissen, Informationen, Bildern, Affekten und sozialen Beziehungen, das heute der Warenproduktion strukturell unterliegt. Im Gegensatz zu den »natürlichen« Rohstoffen, deren Vorkommen begrenzt ist, stehen die neuen kognitiven und immateriellen Gemeingüter, die sich das Kapital aneignet, theoretisch unbegrenzt zur Verfügung. Ihre Privatisierung, beispielsweise durch Patente, Copyright und Lizenzen, oder auch die einfache Privatisierung ganzer Zweige des öffentlichen Dienstes, bedeutet daher, durch den Einsatz des Privateigentums künstlich *Knappheit* zu schaffen.

Die Finanzkrisen der Gegenwart sind Momente der Neubestimmung der Kapitalherrschaft über die Gemeingüter; sie bringen Armut und Mangel hervor, nämlich als »Mangel am *Communen*«, und sie sind Momente einer *Destrukturierung ohne Restrukturierung* sozial-ökonomischer Strukturen, die auf horizontalen Kooperationsbeziehungen beruhen. In der Krise kehren sich die Prozesse der Einschließung der Gemeingüter in Prozesse der Ausschließung um, der Zugang zu Gemeingütern wird mit anderen Worten »von oben« neu definiert, Schulden verwandeln sich in Herrschaft über die Lebensformen, diktieren Einschränkungen und Mangel. In genau diesem Moment zeigt der Zwang zur Lohnarbeit seine ganze Gewalt und erinnert damit an die *enclosures* des 17. Jahrhunderts, die den Zugang zum Land als Gemeingut gewaltsam unterbanden, die Ländereien privatisierten und das Proletariat in die Lohnarbeit zwangen.

Heute mehr denn je verweist der »vorkapitalistische« Charakter der Gemeingüter auf Vorstellungen kollektiven Eigentums als Gegenentwurf zum Privateigentum. »Das *Commune*«, schreibt der Rechtswissenschaftler Ugo Mattei, »lässt sich modellhaft als ›Ökosystem‹ begreifen, in dem ein Gemeinwesen gesellschaftlicher Individuen oder Gruppen durch netzwerkartige Strukturen verbunden ist. Ein solches Gemeinwesen lehnt hierarchische Vorstellungen generell ab (ebenso die Idee der Konkurrenz, die auf der gleichen Logik beruht) und favorisiert dagegen ein *partizipatorisches* und *kollaboratives* Modell, das eine Machtkonzentration bei einer Partei oder auf einer Seite verhindert und stattdessen das Interesse des Ganzen in den Mittelpunkt stellt.«[8]

---

[8] Vgl. Ugo Mattei, »Providing Direct Access To Social Justice By Renewing Common Sense: The State, the Market, and some Preliminary

Die wiederkehrenden Krisen der kapitalistischen Finanzialisierung in den vergangenen Jahrzehnten haben die juridisch-politische Unterscheidung zwischen Privateigentum und Staat ad absurdum geführt. Die Krise der Staatsverschuldung markiert in gewisser Weise den Eintritt der Finanzmärkte in die Administration der öffentlichen Verschuldung und geht einher mit der Ausdehnung der Finanzlogik, ihrer Regeln, ihrer privatwirtschaftlichen Ausrichtung und ihrer Machtkonzentration auf den öffentlichen Bereich. Diesem Prozess ging die Privatisierung von Unternehmen der öffentlichen Hand voraus, doch mit der Finanzialisierung der Staatsverschuldung wurde der ideologischen Entgegensetzung von Staat und Markt endgültig der Boden entzogen.

»Die auf ihrem nationalen Territorium souveräne Regierung gibt es seit Jahrzehnten nicht mehr«, beschreibt Antonio Negri die Situation. »Um ihre Handlungsfähigkeit wiederherzustellen, vertraut sie auf Formen von Governance. Doch auch das reicht nicht aus – die Landesregierung erfordert heute etwas, das über den Territorialstaat hinausweist, etwas, das an die Stelle der souveränen Exklusivität tritt, die der Staat als Nation zu anderen Zeiten einmal besaß.«[9] Es ist dieser Übergang von der Regierung als dem staatlichen Modus, Wachstum und Verteilung zu regulieren, zur Governance als einer technokratischen – und darüber hinaus partiellen, punktuellen und lokalen – Herrschaftspraxis, die in der Krise der Staatsverschuldung international zu beobachten ist. Es ist kein Zufall, dass die Finanzkrise im Kern eine Bankenkrise ist, genauer: eine Insolvenzkrise, in der sich regionale Banken, deutsche Landesbanken ebenso wie spanische *Cajas*, US-Bundesstaaten sowie große Städte alle aufgrund

---

Question about the Commons«, Beitrag zum Seminar *Il diritto del comune*, Uninomade, Turin, 10. März 2011 [online: uninomade.org].
9 Antonio Negri, *Dentro/contro il diritto sovrano. Dallo Stato dei partiti ai movimenti della governance*, hg. v. Giuseppe Allegri, Verona 2009, S. 232.

der Schwierigkeiten, die angehäuften Schulden zu reduzieren, am Rande des Konkurses bewegen. Es scheint wie eine Neuauflage der Krise, die New York City in den 1970er Jahren erlebte, nur diesmal im globalen Maßstab. Damals waren es die Pensionsfonds der städtischen Bediensteten, die New York vor dem Konkurs bewahrten; es war der Startschuss für die Finanzialisierungsprozesse der folgenden Jahre und die Zeit des »Kommunismus des Kapitals«. Heute sind es die internationalen Kapitalmärkte, die – gestützt »einfach« auf den Renditeabstand verschiedener Wertpapiere – technisch darüber entscheiden, ob Bürger in Griechenland, Illinois oder Michigan Anspruch auf ihre Altersrente haben oder ob sie zum Überleben auf Sozialhilfe angewiesen sein werden.

Das ist das Terrain, auf dem die Governance der Austeritätspolitik und die Strukturen des *Communen* aufeinandertreffen. Die Formen und Ziele des Widerstands »im und gegen den« Krisenkapitalismus sind zugleich lokal und global. In den Kämpfen geht es darum, die Regeln, nach denen die Märkte und das Finanzsystem zu steuern sind, kollektiv von unten neu zu definieren, durch gesellschaftliche Mobilisierung neue Investitionsprogramme für die öffentliche Infrastruktur, das Bildungswesen und die Sozialsysteme zu lancieren, öffentliche Beschäftigung im Bereich des Umbaus der Energieversorgung zu schaffen, hohen Einkommen Steuererleichterungen zu verweigern, das Recht auf Mindestlöhne, auf Beschäftigung und ein gesellschaftliches Grundeinkommen einzufordern sowie nicht zuletzt selbstbestimmte Räume zu schaffen. Doch bleibt der erste Schritt, um alternative Paradigmen und neue Organisationsformen des *Communen* zu entwerfen, ganz und gar subjektiv. Es gibt heute keine fertigen Rezepte, nur die feste Überzeugung, dass jedwede Zukunft von uns selbst abhängt.

Glossar der Krise*

Die Finanzsphäre besitzt ihre eigene Sprache oder vielmehr: Sie pflegt ein ziemlich esoterisches *Neusprech*. Viele der hier gebräuchlichen englischen Ausdrücke sind im Grunde nicht in andere Sprachen zu übersetzen und bezeichnen darüber hinaus komplexe Prozesse, was den Zugang für Uneingeweihte, das heißt für praktisch alle, erschwert. Die Finanztransaktionen gedeihen auch, weil eine solch undurchdringliche Sprache Deckung bietet. Das wirft das Problem demokratischer Transparenz auf oder auch die Frage, wie es möglich wäre, die diversen Strategien, Vorgänge und Entscheidungen öffentlich zu diskutieren, die letztlich das Leben der Menschen insgesamt berühren. Im Folgenden haben wir ein paar (beileibe nicht alle) Stichworte zusammengestellt, die möglicherweise helfen, die Finanzialisierung der letzten Jahre zu verstehen.

AAA, AA, A, BBB etc.: Notationssystem (von der → **Ratingagentur** Standard & Poor's eingeführt), um die Qualität von Schuldverschreibungen zu bewerten. Je höher das Ausfallrisiko bei einem Wertpapier ist, desto niedriger ist die Bewertung, desto höher sind indes gewöhnlich die Zinserträge.

ABCP (*asset-backed commercial paper*, besichertes Geldmarktpapier): Geldmarktpapier (*commercial paper*), dem andere Finanz-

---

* Bei der Zusammenstellung dieses kurzen Glossars waren folgende Publikationen hilfreich: *La grande crisi. Domande e risposte*, Mailand 2008; Charles R. Morris, *Crack. Come siamo arrivati al collasso del mercato e cosa ci riserva il futuro*, Rom 2008; Frédéric Lordon, *Jusqu'à quand? Pour en finir avec les crises financières*, Paris 2008; Paul Krugman, *Il ritorno dell'economia della depressione e la crisi del 2008*, Mailand 2008.

aktiva unterlegt sind, insbesondere verbriefte Forderungen. ABCP haben üblicherweise eine kurze Laufzeit von in der Regel 30 bis 180 Tagen; ausgegeben werden sie von Banken oder anderen Finanzinstituten zur kurzfristigen Finanzierung. Häufig kommen im Auftrag von Banken agierende Zweckgesellschaften (→ **Conduit, SPV**) zum Einsatz, die die Forderungen kaufen und in handelbare Schuldverschreibungen verwandeln (→ **Verbriefung**). Die forderungsbesicherten Geldmarktpapiere kurzer Laufzeit dienen der Refinanzierung, es wird Liquidität geschaffen, um in länger laufende Wertpapiere zu investieren. In den Jahren 2007 und 2008 sind derartige Geldmarktpapiere in großem Umfang kollabiert, was den emittierenden Instituten erhebliche Probleme bereitete: Da sie sich nicht mehr durch den Verkauf von Geldmarktpapieren (re-)finanzieren konnten, waren sie auf die von den betreuenden Banken zur Verfügung gestellten Kreditlinien angewiesen. Dies führte zu einem starken Anstieg der Zinsen im Interbankenhandel, ein klares Zeichen des wechselseitigen Misstrauens zwischen den Instituten.

ABS (*asset-backed security*, forderungsbesichertes Wertpapier): Von Banken gewährte Darlehen sind Aktiva, die bis zum Fälligkeitstag illiquide in der Bilanz ruhen. Falls die Bank allerdings nicht warten will, kann sie diese Forderungen nehmen, in einer Schuldverschreibung »verpacken«, die Zinsen trägt – also eine »forderungsbesicherte« Schuldverschreibung schaffen – und dieses Papier an private Fonds verkaufen. Auf diese Weise kommt das verliehene Kapital sofort zurück und die Bank kann ihre Geschäftstätigkeit ausweiten. Forderungen aus Immobiliendarlehen, Kraftfahrzeugkrediten, Versicherungspolicen und Kreditkartenverbindlichkeiten gelten als am besten geeignet, um die Basis forderungsbesicherter Wertpapiere abzugeben, und werden entsprechend am häufigsten verwendet. Kurz und gut, ABS sind ein Instrument, um Kreditforderungen und die mit ihnen verbundenen Risiken aus den Bilanzen der Bank zu entfernen und auf nicht mit der Bank verbundene Käufer zu übertragen.

Alt-A (*alternative A paper*): Hypothekendarlehen, dessen Profil entsprechend der Bonität des Kreditnehmers zwischen den Kategorien »erstklassig« (*prime*) und »zweitklassig« (*subprime*) liegt. Für gewöhnlich weist in einem solchen Fall die Kredithistorie des Kreditnehmers zwar keine Zahlungsunfähigkeit auf, doch dürfte er über relativ wenig Einkommen verfügen, um dem Schuldendienst nachzukommen, und/oder es handelt sich um eine relativ hohe Darlehenssumme im Verhältnis zum Einkommen.

Bailout (»Kaution stellen«): Rettung vor einem drohenden Bankrott durch Gewährung liquider Mittel und/oder die Übernahme von Verbindlichkeiten.

Basispunkt (*basis point*, *bp*): Maß, das einem hundertstel Prozentpunkt entspricht. Basispunkte dienen dazu, die absoluten (numerischen) Veränderungen von Zinssätzen oder Wechselkursen, der Erträge von Staatsanleihen oder Wertpapieren anzugeben.

Benchmark (Maßstab): »Objektiver« Parameter, der sich auf repräsentative Indizes bezieht und Auskunft über das Profil der Chancen und Risiken am Markt gibt. Das sogenannte Benchmarking indiziert die Risiken, die für den Anleger mit einem Finanzprodukt verbunden sind und ist nützlich, um den zu erwartenden Erfolg zu bewerten.

Carry trade: Strategie, die es erlaubt, in einem Land mit niedrigen Zinsen einen Kredit aufzunehmen (häufig, aber nicht nur, in Japan) und die Kreditsumme in Zinspapieren einer anderen Währung mit höherem Zinsniveau anzulegen (wie es etwa Russland oder Brasilien bieten).

CDO (*collateralized debt obligation*): Spezifische Kategorie in der Gruppe forderungsbesicherter Wertpapiere (→ **ABS**). CDOs bestehen dabei aus einem Portfolio festverzinslicher Wertpapiere, die nicht selbst weiter verkauft werden, sondern nur die Zahlungsflüsse aus diesen. Typischerweise geht die Ausgabe von CDOs von einer Zweckgesellschaft (→ **SPV, Verbriefung**) aus; diese erwirbt zunächst ein komplexes Portfolio, das hypothekenbesicherte Wertpapiere (→ **MBS**), aber auch Unternehmensanleihen mit hohen Zinserträgen und andere Papiere enthält; die Risiken sind entsprechend sehr unterschiedlich. Die CDOs werden daraufhin in mehrere Tranchen oder Partien unterteilt. Mit der niedrigsten Tranche (*equity tranche*) ist das höchste Ausfallrisiko verbunden, insofern sie die ersten soundsoviel Prozent möglicherweise sich einstellender Verluste trägt; die höchste Tranche (*senior tranche*) hat Verluste nur zu tragen, wenn der Gesamtverlust des Portfolios die den unteren Tranchen zugewiesene Verlustquote übersteigt. Aufgrund dieses begünstigten Status bekommen die höchsten Tranchen für gewöhnlich das beste Rating, also Triple-A (→ **AAA**), für die unteren Tranchen sinkt das Rating entsprechend. Je höher das Rating, desto geringer ist umgekehrt der (Zins-)Ertrag. CDOs sind extrem komplexe Finanzinstrumente, ziemlich undurchsichtig und entsprechend schwierig zu bewerten. Sie sind keine homogenen Produkte und werden sowohl bei der Ausgabe als auch später zwischen Finanzmarktakteuren außerbörslich gehandelt (*over the counter*/ OTC).

CDS (*credit default swap*, Kreditausfall-Swap): Finanzinstrument aus der weit verzweigten Familie der Kreditderivate, das erlaubt, das Kreditausfallrisiko eines bestimmten Finanzmarkttitels zu transferieren, und zwar vom sogenannten Sicherungsnehmer auf den sogenannten Sicherungsgeber. Die Kreditausfall-Swaps sind somit einer Versicherungspolice vergleichbar. Sie werden außerbörslich gehandelt; in diesem Freiverkehrshandel (auch OTC-Handel oder Telefonhandel) sind die Kontrakte und die Modalitäten des An- und Verkaufs nicht standardisiert, noch existieren Zulassungsregeln, Kontrollauflagen, Informationspflichten etc. wie beim Börsenhandel.

Conduit (Zweckgesellschaft): Ein *Conduit* ist, wie ein *Special Purpose Vehicle* (**SPV**), eine Gesellschaft, die für einen spezifischen Zweck gegründet wurde, gewöhnlich von einem Finanzinstitut. Will eine Bank beispielsweise eine Reihe von Immobiliendarlehen verbriefen, überträgt sie diese Darlehen einem solchen eigens geschaffenen »Anlagevehikel«; die neu gegründete Gesellschaft emittiert Wertpapiere aus der → **Verbriefung** dieser Forderungen. Wesentlich ist, dass die Zweckgesellschaften keine formalen Verbindungen zu ihrem jeweiligen Mutterunternehmen aufweisen, denn andernfalls würden sie als integraler Teil der Unternehmensgruppe gelten und ihre Bilanzen müssten konsolidiert, das heißt in den Konzernabschluss einbezogen werden, was allerdings den Transfer von Risiken behindern und die Vorteile für das Kapital schmälern würde. Diese geschäftliche Trennung wurde in dem Moment weniger rigide, als (wie in den Jahren 2007 bis 2009) die Banken eine Liquiditätskrise erlebten und auf die Möglichkeit der Liquiditätsgenerierung angewiesen waren.

Credit crunch (Kreditklemme): Einschränkung oder Verknappung des Kreditangebots seitens der Banken infolge einer Finanzkrise, die sie in besonderem Maße in Mitleidenschaft zieht. Auch eine Welle von Konkursen im Bankensektor führt zu einer Kreditverknappung.

Deleveraging: Wenn Investoren, die auf Finanzinstrumente mit hohem Risiko gesetzt haben – die von Unternehmen des sogenannten Schattenbanksystems (wie beispielsweise → **Hedgefonds**) angeboten werden – ihre Mittel vom Markt zurückziehen oder damit drohen, wird das System anfällig für einen selbstverstärkenden Zirkel überstürzter Liquidation von Vermögenswerten, was als Deleveraging bezeichnet wird. Die Dynamik steigert die Volatilität weiter und lässt die Preise einer ganzen Reihe von Vermögenswerten fallen.

Derivate: Zwischen zwei Vertragsparteien abgeschlossene finanzielle Verträge, deren Wert abhängig ist von der (Preis-)Entwicklung eines zugrundeliegenden Vertragsobjekts (*underlying asset*, Basiswert). Die Basiswerte können der Finanzsphäre entstammen (Aktien, Anleihen, Zinssätze oder Wechselkurse, Börsenindizes) oder der sogenannten Realökonomie (Rohstoffe).

Fair value: Ausdruck, der durch die Rechnungslegungsgrundsätze der International Financial Reporting Standards (IFRS) eingeführt wurde, wörtlich »angemessener Wert«. Bezeichnet wird damit eine Bewertungsmethode, die auf der Annahme fußt, dass die Bilanzwerte die »realen« Werte widerspiegeln. Bisweilen erweist sich allerdings die Bewertung von *fair value* als schwierig, insbesondere wenn es sich um immaterielle Vermögenswerte und bestimmte außerbörsliche Finanzwerte handelt.

Finanzunternehmen (*non-banking financial system*, Nichtbank-Finanzsystem): »Während des Booms änderte sich die Struktur des Finanzsystems grundlegend, wobei der Anteil der Anlagen außerhalb des traditionellen Bankensystems dramatisch wuchs. Dieses Nichtbank-Finanzsystem wurde schließlich sehr bedeutend, besonders an den Geld- und Kreditmärkten. Anfang 2007 umfassten forderungsbesicherte Papiere in Zweckgesellschaften und strukturierten Investmentvehikeln, nachrangige Unternehmensanleihen mit einer per Auktion ermittelten Verzinsung, *Tender Option Bonds* und *Variable Rate Demand Notes* ein Vermögen von zusammen rund 2,2 Billionen Dollar. [...] Der Umfang der langfristig riskanten und relativ illiquiden Anlagen, die durch sehr kurzfristige Verbindlichkeiten finanziert wurden, machte viele der Vehikel und Institutionen in diesem parallelen Finanzsystem anfällig für einen Bankenansturm klassischen Typs, aber ohne Schutzmaßnahmen wie die Einlagensicherung, die dem Bankensystem zur Verfügung steht, um solche Risiken zu reduzieren.« (Timothy Geithner)[1]

Hedgefonds (*hedge fund*): Investmentfonds, die keiner Aufsicht unterliegen und sich durch eine hochspekulative Anlagestrategie auszeichnen, etwa bei Leerverkäufen (*short sale*). Bei diesen Geschäften werden Waren oder Wertpapiere gehandelt, über die der Verkäufer zum Verkaufszeitpunkt nicht verfügt, und dabei auf einen *Rückgang* des Marktpreises gewettet (eine Spekulation, die anderen Arten von Fonds nicht erlaubt ist), oder aber das Geschäft wird als Termingeschäft abgewickelt und umgekehrt auf das *Steigen* der Basiswerte spekuliert. Das Vermögen der Hedgefonds kann in alle erdenklichen Arten von Vermögenswerten investiert werden, im Mittelpunkt aber stehen kurzfristige Investitionen mit hohen Risiken. Ziel dieser Fonds ist es, die höchsten Renditen zu erwirtschaften, die die Finanzmärkte zulassen, ohne sich Beschränkungen aufzuerle-

---

[1] Timothy F. Geithner, seit Januar 2009 Finanzminister der USA, in seiner Rede »Reducing Systemic Risk in a Dynamic Financial System« vor dem Economic Club of New York (ECNY) am 9. Juni 2008, zit. n. Krugman, *Die neue Weltwirtschaftskrise*, a.a.O., S. 188–189.

gen, was Anlagemärkte, -instrumente und -strategien anbelangt. In hohem Maße wird etwa auch in → **Derivate** investiert.

Interbankzinssatz (*interbank rate*): Der Interbanken-Geldmarkt dient dem Ausgleich momentaner Schwankungen im Bargeldbedarf der Banken, wobei jene mit einem Bargeldüberschuss das Geld an Institute ausleihen, bei denen Bedarf besteht. Jeden Morgen müssen sich die 50 größten europäischen Banken darüber informieren, welchen Zinssatz sie für diese Art Kreditgeschäfte mit anderen Banken zu berechnen beabsichtigen (Interbankzinssatz). Die Vertrauenskrise zwischen den Banken, die unter anderem von der Entdeckung enormer Bestände toxischer Papiere (→ **toxic assets**) ausgelöst wurde, ließ den Interbankzinssatz beträchtlich ansteigen.

LBO (*leveraged buy-out*, fremdkapitalfinanzierte Übernahme): Akquisition eines Unternehmens unter Ausnutzung eines erheblichen finanziellen → **Leverage**-Effekts. Die von der Gesellschaft X (Interessent) für die Übernahme aufgenommenen Mittel werden im Allgemeinen durch Aktien oder Vermögen der Gesellschaft Y (Ziel der Übernahme) besichert. Die Rückzahlung der Schulden erfolgt entweder aus dem im übernommenen Unternehmen erwirtschafteten Cashflow oder durch den Verkauf von Unternehmensteilen (sogenannten nicht strategischen Geschäftsbereichen).

Leverage (*Leverage*-Effekt, Hebeleffekt): Allgemein die Fähigkeit, eine große Menge von Finanzressourcen durch den Besitz eines kleinen Anteils dieser Ressourcen – und entsprechend geringen Kapitaleinsatz – zu kontrollieren. Für Banken bedeutet, auf einen Leverage-Effekt zu setzen, derivative Finanzinstrumente mit immer komplexeren Strukturen zu schaffen.

Libor (*London interbank offered rate*): In London festgelegter Zinssatz für das Interbankengeschäft (→ **Interbankzinssatz**), das europäische Äquivalent heißt Euribor (*Euro interbank offered rate*). Beide dienen als Referenzwert für alle anderen Zinssätze.

Liquidität (*cash*): Liquidität bezeichnet die einem Akteur verfügbaren (Zahlungs-)Mittel; darüber hinaus die Kapazitäten, die ein Markt bietet, Titel »problemlos« zu verkaufen, das heißt aus ihnen auszusteigen und sie in Geld zu verwandeln.

Mark to market (marktnahe Bewertung): Anwendung der → **Fair value**-Methode im Bereich der Rechnungsführung und Bilanzierung. Die marktnahe Bewertung bedeutet, Vermögensgegenstände eines Unternehmens auf der Grundlage aktueller Marktpreise zu bewerten, statt die »historischen« (Anschaffungs-)Preise zugrunde zu legen. Bilanzierungsvorschriften verlangen *Mark-to-market*-Methoden, um (Finanz-)Aktiva und Passiva zu bewerten, mit der Begründung, so die »Bilanzwahrheit« zu ermitteln und Transparenz herzustellen. Gerade allerdings im Hinblick auf Verlässlichkeit und Transparenz ist anzumerken, dass die *Mark-to-market*-Bewertung zu erheblichen Wertschwankungen (Volatilität) der Aktiva führen kann, was sich prozyklisch auswirkt, das heißt starke Wertzuwächse oder -verluste bei den Finanzinstrumenten verstärkt.

MBS (*mortgage backed securities*, durch Hypotheken besicherte Wertpapiere): Kategorie von → **ABS**, die durch die → **Verbriefung** von Immobiliendarlehen entstehen.

Monoliner (Anleiheversicherer): Spezialisierte Versicherungsunternehmen, die Wertpapiere gegen Ausfall versichern.

Panik: »Panik hat viele Schattierungen. [...] Zum einen gibt es ganz ›normale‹ Paniken: Irrationale Reaktionen seitens der Investoren, die durch die tatsächlichen Verhältnisse überhaupt nicht gerechtfertigt sind.« Wer in solchen Fällen nicht den Kopf verliert und nüchtern abwartet, wird belohnt. »Wirtschaftstheoretisch viel bedeutsamer sind jedoch Paniken, die sich – unabhängig vom jeweiligen Anlass – selbst verstärken, weil Panik Panik erzeugt. Das klassische Beispiel ist ein Ansturm auf die Banken: Wenn alle Sparer plötzlich ihre Einlagen abheben wollen, ist die Bank gezwungen, ihre Aktiva zu Schleuderpreisen zu veräußern, sodass sie in die Pleite getrieben wird. In diesem Fall sind jene Sparer, die die Nerven bis zum Schluss behalten, letztlich die Dummen.« (Paul Krugman)[2]

Price/Earnings Ratio (*PER* oder *P/E*, Kurs-Gewinn-Verhältnis, KGV): Kennzahl, die den Kurs einer Aktie in Relation setzt zum (gegebenen oder erwarteten) Gewinn pro Aktie. Der Nutzen des KGV besteht darin, den Preis einer Aktie zu evaluieren. Beläuft sich beispielsweise der Kurs einer Aktie auf einen Euro und sie bietet einen Gewinn von 6,7 Cent, so ist das KGV gleich 15: Der Preis der Aktie entspricht dem 15fachen ihres Gewinns. Doch wenn Papiere, wie es während der Dotcom-Blase der Fall war, Kurse haben, die dem 50- oder 100fachen ihres Gewinns entsprechen, so deutet das (abhängig allerdings von der Branche) auf eine massive Überbewertung hin.

Private equity (Außerbörsliches Eigenkapital): Kapital von institutionellen Anlegern (häufig Kapitalbeteiligungsgesellschaften), das in börsennotierte oder (noch) nicht börsennotierte Unternehmen investiert wird. Private-Equity-Gesellschaften finanzieren häufig

---

2   Krugman, *Die neue Weltwirtschaftskrise*, a.a.O., S. 108.

kleine Unternehmen mit guten Entwicklungsperspektiven; dabei verfolgen sie das Ziel, deren Wachstum zu fördern, um später ihre Beteiligung zu einem wesentlich höheren Preis wieder zu veräußern.

Ratingagentur: Unternehmen, das auf die Bewertung der Bonität der Emittenten von verzinslichen Wertpapieren spezialisiert ist, aber auch strukturierte Obligationen bewertet wie etwa durch eine Vielzahl von Hypothekendarlehen besicherte Wertpapiere. Die größten Ratingagenturen sind die US-Unternehmen Moody's, Standard & Poor's und Fitch sowie die kanadische DBRS.

Ratio: Kennzahl, die das Verhältnis zweier Größen oder Werte angibt, beispielsweise gibt die Eigenkapitalrentabilität (*return on equity*, → **ROE**) das Verhältnis von Gewinn zu Eigenkapital an.

ROE (*return on equity*, Eigenkapitalrentabilität): Die Kennzahl misst die Wirtschaftlichkeit der eingesetzten Eigenmittel, das heißt der von den Aktionären zur Verfügung gestellten Mittel, einer Gesellschaft.

Sicherheit (*collateral*): Vermögenswert, den ein Akteur bei der Aufnahme von Schulden verpfändet.

SIV (*structured investment vehicle*, Zweckgesellschaft, strukturiertes Investmentvehikel): → **Conduit**.

SPV (*special purpose vehicle*, Zweckgesellschaft, Anlagevehikel): → **Conduit**.

Subprime: In den USA bezeichnet Subprime Immobiliendarlehen »minderer« Qualität, insofern sie Kreditnehmern mit geringer Bonität gewährt wurden, das heißt die Schuldner waren zuvor schon einmal insolvent, sie verfügen nur über ein geringes oder kein sicheres Einkommen und haben weder Besitz noch Vermögen.

Swap (Tausch): Übereinkunft zwischen zwei Parteien, durch die sie sich verpflichten, periodisch ein- oder ausgehende Zahlungsströme auszutauschen. Die Übereinkunft legt den Berechnungsmodus und die Fälligkeiten im Voraus fest.

Systemrisiko (*systemic risk*): Ein Systemrisiko besteht in einer Situation, in der ein Zusammenbruch eines Akteurs oder einer Institution zu einer ganzen Welle von Zusammenbrüchen führt, durch die letztlich das globale Finanzsystem einzustürzen droht.

Toxic assets (»faule« oder toxische Papiere): Populärer Ausdruck für »ungesunde« Finanzpapiere, die auf uneinbringliche Kredite zurückgehen; sie »kontaminieren« die Bilanzen von Banken und Kreditinstituten. Toxische Papiere können sich auch in den Portfolios privater Anleger finden. Im Grunde sind sie lediglich Makulatur.

Verbriefung (*securitization*): Transaktion, die Kredite oder anderen zukünftige Zahlungsströme in handelbare Wertpapiere umwandelt. Die Kredite werden dabei einer Zweckgesellschaft überlassen, deren einzige Aufgabe es ist, solche Operationen abzuwickeln (→ **Conduit, SPV**). Nehmen wir zum Beispiel an, eine Bank habe unter ihren Aktiva eine gewisse Anzahl von Immobiliendarlehen; die Bank beschließt nun, diese Darlehen zu verbriefen, das heißt Wertpapiere auszugeben, deren Sicherheit die Darlehen sind. Die Wertpapiere werden in der Folge an private oder institutionelle Anleger verkauft und die Bank bekommt Mittel zurück, die sie den Kreditnehmern geliehen hat. Dieses Kapital kann sie verwenden, um die eigene Geschäftstätigkeit auszuweiten. Die verbrieften Wertpapiere haben wie alle verzinslichen Papiere einen Fälligkeitstermin und einen Zinssatz, der den Käufern zustehende Schuldendienst (Zinsen und Tilgung) wird aus den Zins- und Tilgungszahlungen der ursprünglichen Kreditnehmer bedient. Die Bank hat zum einen den Vorteil, Aktiva mit geringer Liquidität mobilisiert zu haben, zum anderen verringert sich für sie das mit den Darlehen verbundene Risiko: Dieses tragen nun die Investoren. Auch Regierungen und Behörden können (auf nationaler, regionaler oder lokaler Ebene) Zahlungsströme verbriefen.

Dank

Eine erste Fassung dieser Arbeit erschien als ein Beitrag in dem von Andrea Fumagalli und Sandro Mezzadra herausgegebenen Band *Crisi dell'economia globale. Mercati finanziari, lotte sociali e nuovi scenari politici* (Verona: Ombre Corte/Uninomade 2009).*
Ich danke Gianfranco Morosato, dem Verlagsleiter von Ombre Corte, und den Mitautoren des Bandes für ihre Einwilligung, den Essay in nunmehr erheblich erweiterter und aktualisierter Form wieder zu veröffentlichen. Danken möchte ich auch den Kolleginnen und Kollegen des Bereichs Sozialforschung am Dipartimento di Scienze Aziendali e Sociali der Scuola Universitaria Professionale della Svizzera Italiana (SUPSI), die mit mir die hier publizierte Fassung diskutiert haben. Besonderer Dank gilt meinen Kollegen Spartaco Greppi und Federico Corboud, die mich unterstützt haben, die nicht wenigen Probleme, die die Finanzialisierung aufwirft, zu vertiefen, indem sie mir ihre Kompetenz, ihre Zeit und Freundschaft schenkten. Ein persönlicher Dank geht an Fabio Casagrande, Matteo Terzaghi und Silvano Toppi, die mich ermutigten, dieses Buch möglichst bald zu veröffentlichen.

---

* In deutscher Übersetzung: Andrea Fumagalli u. Sandro Mezzadra (Hg.), *Die Krise denken. Finanzmärkte, soziale Kämpfe und neue politische Szenarien*, Münster: Unrast 2010.

Sandro Mezzadra / Andrea Fumagalli (Hg.)
Die Krise denken
Finanzmärkte, soziale Kämpfe und neue politische Szenarien
ÜbersetzerInnen-, Redaktions- und Lektoratskollektiv: Thomas Atzert,
Martin Birkner, Bernhard Dorfer, Francois Naetar, Renate Nahar, Stefanie Weiss
176 Seiten, Broschur, € 14.00, ISBN 978-3-89771-509-7

Die Wirtschafts- und Finanzkrise, die sich seit dem Herbst 2008 als globale Krise des Kapitalismus zeigt, beherrscht seither die Mainstream-Medien ebenso wie politische und gesellschaftliche Debatten. Die bis zum Ausbruch der Krise unangefochtene Hegemonie des Neoliberalismus wird seither nicht mehr nur von linken Minderheiten in Frage gestellt, ein Revival des interventionistischen (»keynesianischen«) Nationalstaats gegen vermeintliche Auswüchse der Globalisierung scheint aktuell.

Die Beiträge des vorliegenden Bandes zeigen, dass die Fixierung auf eine solche Alternative an der Realität des Kapitalismus im 21. Jahrhundert vorbeigeht. Theoretisch und politisch fundiert untersuchen die Autorinnen die Hintergründe der globalen Krise, fragen nach sozialen und politischen Konfliktlinien und nicht zuletzt nach den Bedingungen, die das Leitmotiv vieler Proteste der vergangenen Zeit, das Motto »Wir zahlen nicht für Eure Krise« mit der Perspektive eines radikalen Bruchs mit dem Kapitalismus verbinden.

Die Autorinnen kommen in ihrer Mehrzahl aus dem so genannten Post-Operaismus. Sie verbinden verschiedene Untersuchungsperspektiven, die sonst eher disparat vorliegen – etwa Analysen zum Postfordismus, zur Gewalt der Finanzialisierung, zu den Ausbeutungsbedingungen im globalen Kapitalismus sowie zu Fragen linker Politik. Der Band schließt mit Thesen zur Krise, die auf eine politische Verständigung zielen, darauf, nicht nur des Kapitalismus' neue Kleider beim Namen zu nennen, sondern ihm auch eine Perspektive sozialer Befreiung entgegenzustellen.

Erschienen im Unrast Verlag, Münster

Samuel Weber
Geld ist Zeit. Gedanken zu Kredit und Krise
64 Seiten, Broschur, € 8,00 / CHF 12,00, ISBN 978-3-03734-094-3

Krise – kaum ein Begriff hat in jüngster Zeit eine solche Konjunktur erlebt, doch kann die inflationäre Rede von Banken- und Finanzkrise kaum darüber hinwegtäuschen, dass der globale ökonomische Kollaps mehr untergraben hat als unser Vertrauen in den Markt allein: Wir erleben derzeit eine veritable Glaubenskrise, die das Wertesystem der westlichen Welt in ihren Grundfesten erschüttert.
Samuel Webers Essay lässt sich von der Frage leiten, welche Logik einer Wirtschaft zugrunde liegen muss, die eine so umfassende, quasi-theologische Dimension erreicht, und er wird fündig bei einem der Gründerväter des modernen Kapitalismus amerikanischer Provenienz. In Benjamin Franklins berühmtem Diktum »Zeit ist Geld«, zeigt sich für Weber eine Gleichung, welche die gesamte Zirkulation von Geld und Werten formiert: Zeit ist Geld, aber nur, weil Geld als Tauschmedium notwendig Zeit ist; der Geldmarkt gründet auf einem zirkulären Prozess der Produktion und Selbst-Reproduktion des ewig Gleichen. Dieser Prozess kommt in einer weiteren Gleichung zum Ausdruck – dem zweiten, vergessenen und verdrängten Diktum Franklins: »Kredit ist Geld.« Die Logik des Kapitalismus baut im Sinne des Wortes auf Kredit: dem Glauben der Investoren und Konsumenten an die Amortisierung der Schulden in der Rendite: »Rendite« ist »die kapitalistische Art von Profit als redemption – Rückzahlung, Tilgung und Erlösung.«

Webers luzide, grimmige Analyse der »Krise« offenbart, dass in einer Gesellschaft, in der an die Stelle des lutherischen *sola fide* das *credere* getreten ist, Kapitalismus zur Religion eines (mit Walter Benjamin) »nicht entsühnenden, sondern verschuldenden Kultus« geworden ist.

Joseph Vogl
Kalkül und Leidenschaft. Poetik des ökonomischen Menschen
390 Seiten, 4. Auflage, Broschur, € 25,00 / CHF 37,50, ISBN 978-3-935300-46-9

Unter der Vielzahl ›neuer Menschen‹, die das anthropologische Experimentierfeld der Moderne hervorgebracht hat, hat einzig der ökonomische Mensch überlebt ... Grund genug, diesen Typus, seine Herkunft und seine Konjunktur zum Gegenstand einer historischen Analyse zu machen.
Joseph Vogls Studie untersucht die weitläufigen Austauschverhältnisse zwischen Ökonomie, politischer Theorie, Anthropologie und Literatur bzw. Ästhetik und schlägt einen Bogen vom Barock über die Aufklärung und Romantik bis in die ersten Jahrzehnte des 19. Jahrhunderts.
Es geht dabei um eine Poetologie des Wissens, die die diskursiven Strategien einer ökonomischen Wissenschaft ebenso verfolgt wie die ökonomische Durchdringung literarischer Formen, ein Wechselverhältnis von ökonomischem Text und textueller Ökonomie. Gemeinsam ergeben sie jene Szene, die der ›homo oeconomicus‹ bis auf weiteres beherrscht: als jenes Exemplar, das sich angeschickt hat, nichts Geringeres als der Mensch schlechthin zu werden.

»Eine brillante Studie.« *Die ZEIT*

»Selten ist die Diskursgeschichte so auf Augenhöhe mit den literarischen Kronzeugen wie hier.« *Süddeutsche Zeitung*

»Ein Buch, das seinen Leser dazu verführt, gleich nach der Lektüre noch einmal von vorn zu beginnen.« *Frankfurter Rundschau*

Joseph Vogl
Über das Zaudern
128 Seiten, 3. Auflage, Broschur, € 12,00 / CHF 18,50, ISBN 978-3-03734-020-2

Der Band dokumentiert die erweiterte Fassung der Antrittsvorlesung Joseph Vogls an der Humboldt-Universität zu Berlin. Ausgehend von Freuds »Moses des Michelangelo« entwickelt Vogl nicht nur eine Theorie des Zauderns, sondern stellt ein veritables Zaudersystem vor. Die Zauderfunktion tritt als kontrapunktischer Begleiter einer das Abendland prägenden Geschichte der Tat in Erscheinung. Dies lässt sich über die »Orestie« und Schillers »Wallenstein« bis zu den »Titanen« des Zauderns im 19. und 20. Jahrhundert verfolgen – ob es nun Melvilles Bartleby ist oder Musils »Mann ohne Eigenschaften«.

»Beinahe alles, was Vogl schreibt, elektrisiert – wie jetzt sein kleiner Versuch übers richtige Denken.« *Frankfurter Allgemeine Zeitung*

»Das kleine Buch hält zwischen Nachdenken, Ratlosigkeit und Handeln so konzentriert die Schwebe, dass man es als exemplarisches Zaudern ansehen kann. Joseph Vogl zeigt, was das Innehalten mit dem Denken zu tun hat.« *Die ZEIT*

Alexander Kluge, Joseph Vogl
Soll und Haben. Fernsehgespräche
336 Seiten, Broschur, € 19,90 / CHF 30,00, ISBN 978-3-03734-051-6

»Diese beiden Männer sprechen nicht einfach miteinander: Sie sind ein Gespräch.« *Frankfurter Allgemeine Sonntagszeitung*

»Soll und Haben ist ein Buch der feinen Unterscheidungen und der tastenden Bestimmungen. Es ist der Versuch, in unübersichtlicher Zeit einen klaren Kopf zu behalten.« *Frankfurter Rundschau*

Joseph Vogl
Das Gespenst des Kapitals
224 Seiten, 5. Auflage, Broschur, € 14,90 / CHF 22,50, ISBN 978-3-03734-116-2

Angesichts der Ereignisstürme im gegenwärtigen Finanzgeschäft widmet sich Joseph Vogl den Wahrnehmungsweisen, Theorien und Problemlagen dessen, was man mit gutem Grund immer noch Kapitalismus nennen muss. Gerade Finanzmärkte gelten als das Marktgeschehen schlechthin: Unbelastet von den Beschwernissen der Produktion sind sie – für die herrschende ökonomische Doktrin – Schauplätze eines perfekten Wettbewerbs und idealer wirtschaftlicher Ausgleichprozesse: ein segensreiches Zusammenspiel von gewinnorientierten und also ebenso rationalen wie zuverlässigen Akteuren. Darum wollte man in Spekulationsblasen und Crashs bloße Anpassungskrisen oder jene Ausnahmesituationen erkennen, die im irrationalen Überschwang eines vielleicht gierigen, vielleicht inkompetenten oder schlicht rücksichtslosen Spekulationswesens gründen.

»Ein Buch, so wirksam wie ein Crash«
Frankfurter Allgemeine Sonntagszeitung

»So pointiert, faktengesättigt und geistesgeschichtlich inspiriert kommt keine zweite Analyse unseres Wirtschaftssystems daher.«
»Ein Text, dem es an Sprengkraft nicht mangelt« *FAZ*

»Das schmale Buch ist glänzend geschrieben. Kein anderer Theoretiker vermag die Irrationalität, das Chaos des Marktes so inspiriert auszumalen wie Joseph Vogl.« *Deutschlandradio Kultur*

»Ein frontaler Angriff auf die dorischen Säulen der Wirtschaftswissenschaften. Eine brillante Studie« *DIE ZEIT*

»Eine Entzauberung der Finanzwissenschaft« *Süddeutsche Zeitung*

»Ein großartiger Essay, der den Glauben an die Alternativlosigkeit kapitalistischen Wirtschaftens nachhaltig erschüttert«
Frankfurter Rundschau

Hyman P. Minsky
Instabilität und Kapitalismus
Eingeleitet von Joseph Vogl
144 Seiten, Broschur, € 14,90 / CHF 22,50, ISBN 978-3-03734-144-5

Dass die momentane Krise der Finanzmärkte auch eine Krise der Wirtschaftswissenschaften sei, liest man derzeit immer wieder. Der Marktliberalismus und seine Theorie der »effizienten Märkte« seien gescheitert, es gebe in der ökonomischen Orthodoxie kein Instrumentarium, um »wilde Märkte« zu verstehen – die offenkundig Realität sind. Wie aber lassen sich Instabilitäten im Systemverhalten erklären und prognostizieren?
Bereits Mitte der sechziger Jahre entwickelte der Ökonom Hyman P. Minsky eine Theorie finanzieller Instabilität, die zeigt, dass es im Finanzsystem auch ohne äußere Einwirkungen oder Fehlverhalten regelmäßig zum Crash kommt – wofür weniger einzelne Erschütterungen verantwortlich sind als vielmehr die Logik der Finanzmärkte selbst. Gerade stabile Wirtschaftslagen setzen desaströse Finanzierungskreisläufe in Gang: Jedes ökonomische Wachstum erhöht den Bedarf an Liquidität und somit die Bereitschaft zur Kreditvergabe und Verschuldung. Die damit verbundene Risikoverlagerung führt zu Finanzierungsketten, deren Kollaps durch einen bloßen Funken ausgelöst werden kann. Auf den Finanzmärkten ist jedes Gleichgewicht nur eine Übergangsphase, und das gesamte System wird eben durch sein effizientes Funktionieren dysfunktional. Die Mechanismen und Institutionen moderner Finanzwelten sind von sich aus ruinös und produzieren ihr eigenes toxisches Arsenal. Der vorliegende Band versammelt zwei zentrale Texte Minskys, die seine Theorie verständlich und in komprimierter Form darlegen.

»Minskys ›Moment‹ ist gekommen« *The Wall Street Journal*